脳科学が証明した
世界一カンタンで
すごい読書術

「楽読」運営会社CMO
（最高マーケティング責任者）
ヨンソ

［総監修］
医学博士
楽読インストラクター
伊藤吉賢

KADOKAWA

らく速読は、

4倍速で読める
だれでもできる
らくするほど速くなる

脳科学に基づいた画期的な読書術です。

なぜ、らくするほど速く読めるのでしょうか？

それは、
らく速読は「脳の使い方」を
シンプルかつ超効率的に変える読み方だからです。

読書をするとき、
多くの人は「ちゃんと理解しよう」「集中して読もう」
とがんばりがちです。
しかしその「がんばり」が、
本の内容が脳に入るのを邪魔しているのです。
「がんばり」が、無意識のうちに脳を空回りさせた結果、
読むのが遅くなったり、眠くなったりしてしまいます。

一方、らく速読は、
がんばることを手放すことで
脳を「究極のリラックス状態」にいざないます。
らくすればらくするほど、
脳は温泉につかっているときのようにリラックスします。

すると、脳の活動のあらゆるムダが取り除かれ、
文章をただ「視る」だけで、
スポンジに吸い込まれる水のように
その内容を高速でインプットできるのです。

脳を「究極のリラックス状態」にいざなうために、
らく速読はさまざまなメソッドを用意しています（詳細は第2章で紹介）。
一例を紹介しましょう。

こんなにカンタンなの⁉　と驚いたかもしれません。
らく速読は世界一カンタンな読書術。
今日からすぐに実践できるメソッドばかりです。
本書の内容を実践していただければ、
驚くほど「脳がスッキリ」します。
いかに普段の自分が、
偏った「脳の使い方」をしているかに気づくでしょう。

そして、
いつのまにか読書スピードは
4倍速になっているのです。

また、らく速読は、ただの速読法ではありません。
「脳の使い方」が変わると、
こんなにたくさんのメリットを得られます。

思考力
UP!

情報
処理力
UP!

記憶力
UP!

直感力
UP!

コミュ力
UP!

心の
回復力
UP!

自己
肯定感
UP!

運動能力
UP!

芸術的
感性
UP!

ストレス・
不安
DOWN!

怒り・
イライラ
DOWN!

そして、最終的には……
自分らしく生きられる！　幸せになれる！
脳科学に裏打ちされたメソッドだから、
効果は抜群！

速読に興味はあるけれど、
「がんばるのはイヤだな」という
そこのあなた！

らく速読なら、
らく〜に始めて、
らく〜に続けて、
あっというまに４倍速。

らく速読を通して、
読書も人生も、らくしちゃいましょう！

らく速読　脳科学が証明した世界一カンタンですごい読書術　もくじ

第1章

「らく速読」で読書の常識が覆る！

第2章 4倍読めて忘れない！「らく速読」のやり方

レッスン3

第3章

「らく速読」には宝物が眠っている

第4章

「らく速読」で幸せになれる！

第5章

体験者の声
「らく速読でなりたい自分になれました！」

はじめに

医学的に正しい速読法に出合えた幸せ

総監修・伊藤吉賢(医学博士)

らく速読で、読書も人生も楽しくなった

らくに、楽しく、本が読める。
らくすればらくするほど、速く読める。
誰もが、今より4倍の速さで読めるようになる。
しかも本の内容を記憶して、仕事や生活に活用できる。

そんな夢のような速読法があると聞いたら、「嘘でしょ!?」と疑ってしまうのが人間かもしれません。

私も最初は半信半疑でした。

その読書法「楽読（本書では「らく速読」と呼びます）」に私が出合ったのは、2020年のことです。

当時私は、大きな救急総合病院に勤務しておりました。急患対応、多くの手術を受け持ち、忙しくも充実した日々を送っていましたが、50歳の足音が聞こえ出した頃、独立して自分のクリニックを開業しようと決意します。

しかし、開業準備のためにたくさんの本を購入しても、なぜかスラスラ読めません。もともと読書が好きだったのに、なぜか「文字を読む」ことが苦痛で仕方がなかったのです。あまたの本が積み上がる、いわゆる積読（つんどく）状態でした。

これはまずいと思っていたとき、ふとしたきっかけで出合ったのが、らく速読です。**らく速読を始めて数週間後、私は読書の楽しさを思い出し、それまで以上のスピードで読めるようになりました。**これといった努力やがんばりも必要なく、それこそらくに速読ができるようになり、らく速読の素晴らしさに感動すら覚えました。

そして現在、いつのまにか私自身、医師をするかたわら、らく速読のインストラクターとなり、スクールを開校するまでに。**らく速読の素晴らしさとすごさを、医学的見地から一人でも多くの人に伝えること**が、私の人生における最大のミッションになりました。

おもしろいくらい速く読めて、本の内容をインプットできる

らく速読の具体的な実践法は、本書の著者・ヨンソさん(「楽読」運営会社CMO(最高マーケティング責任者))にお任せするとして、私からはらく速読が「医学的にも理にかなった速読法」であることをお伝えしたいと思います。

現在、日本にはたくさんの速読法が紹介されています。眼球を高速で動かしたり、1ページごとに写真を撮るように読んだり、パソコン画面に素早く文字を映し出したりなど、その手法はさまざまです。

いわゆる速読本も多数発売されていますが、それらを読んで実際に速読ができ

るようになった人はどれだけいるでしょうか？
科学的エビデンスは一切ないのに、「1冊3分で読める」などと誇大広告を打っている手法も少なくありません。

また、既存の速読法に共通しているのは、「集中」や「がんばり」といった意志の力が必要だという点です。

一方で、らく速読には「集中」も「がんばり」も必要ありません。

らく速読で必要なのは「リラックス」です。

速く読もうという「武装を解除」して、まるで温泉に入っているときのような「リラックス状態」で読むと、おもしろいくらいに本の内容が脳に飛び込んできます。

一般的な読書や速読法とは「脳の使い方」が異なるのが、らく速読なのです。
らく速読は、なんの努力をしなくても、簡単に「脳の使い方」を変えることができます。

私は体感としてこのことを知ったのち、らく速読をすると脳機能にも変化が起きているのではないかと仮説を立てました。

そして実際に、脳の画像をｆＭＲＩ（磁気共鳴機能画像法）で調べたところ、想像を超える結果が得られたのです……!!

脳画像で判明！ らく速読で「脳の使い方」が激変する！

らく速読のインストラクターと未経験者に、ｆＭＲＩの中で10分間、本を読んでもらいました。

次ページから、その際の脳の輪切り画像を掲載します。

血流（酸素）が増えた部位が光って写ります。この本の画像では、水色になっている部分です。

また、ｆＭＲＩで脳を撮影すると、左右は反対になります。下から脳を見上げた状態の画像のため、左側が右脳で、右側が左脳です。

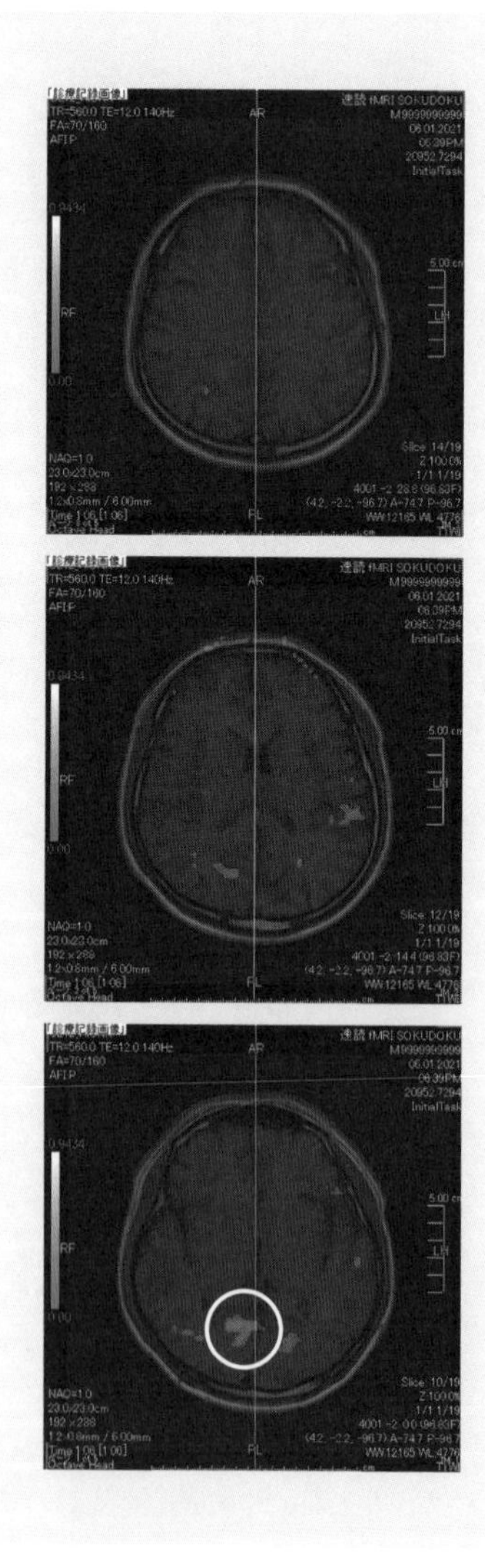

らく速読インストラクターAさん

らく速読インストラクターBさん

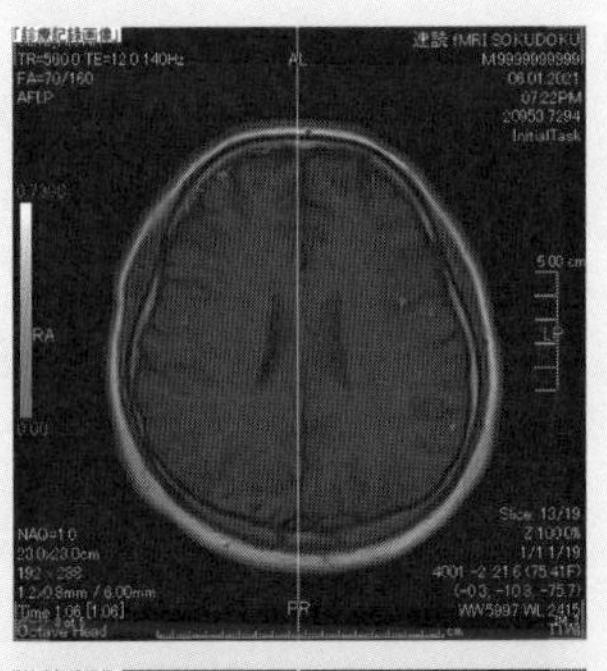

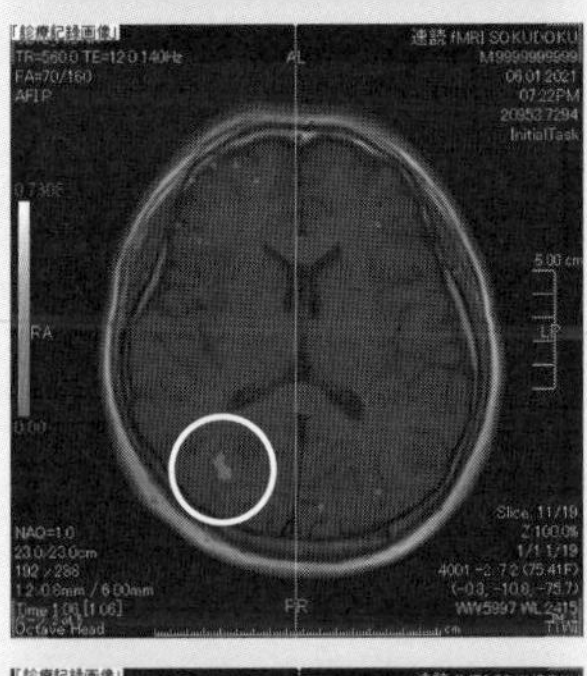

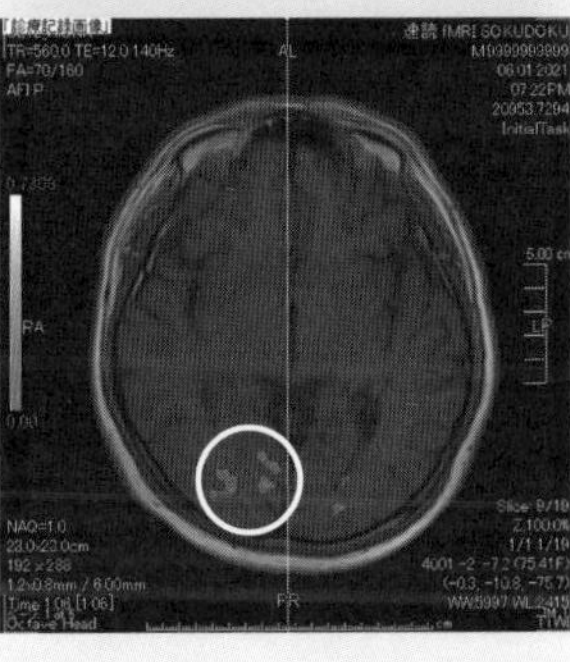

インストラクターAさん、Bさんともに、全体的に信号が少ない（光っていない）ことがわかります。

また、脳の前側の前頭葉ではなく、後ろ側の後頭葉が光っています。

さらに、右脳（画像の左側）が優位であることがわかります（画像の白い丸の部分）。

一方、らく速読未経験者のCさんとDさんの脳画像は、全体的に光っています（27〜28ページ）。

そして、インストラクターたちと違って、脳の前側の前頭葉が顕著に使われていることがわかります。

らく速読未経験者Cさん

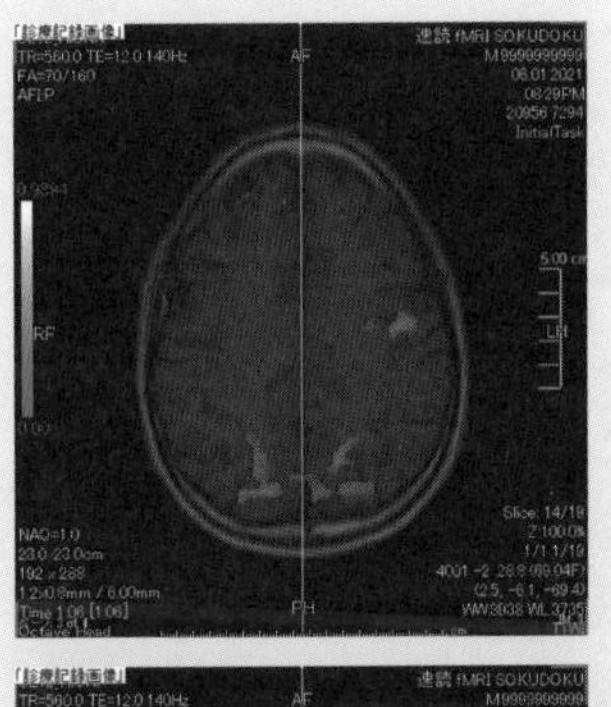

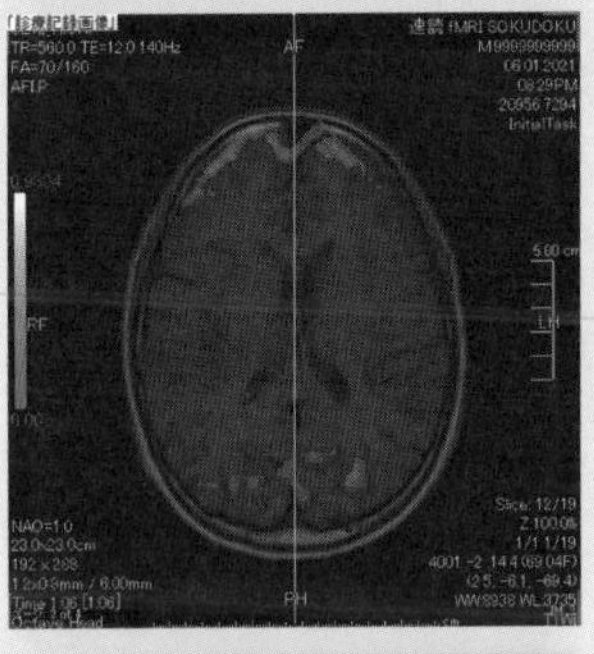

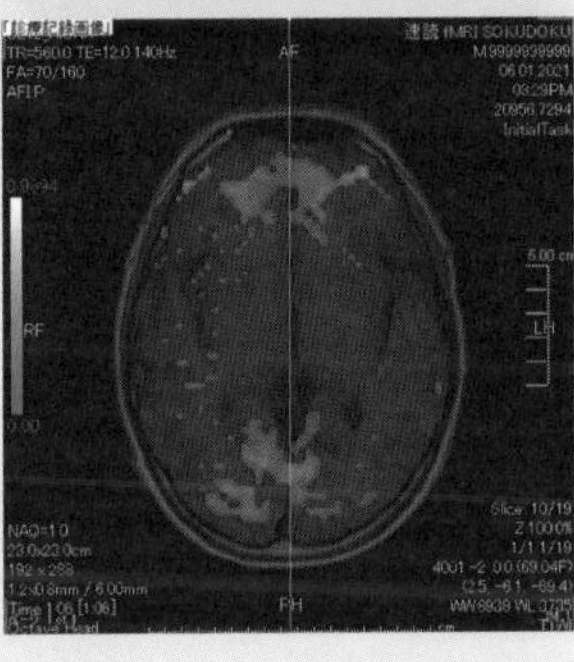

らく速読未経験者Dさん

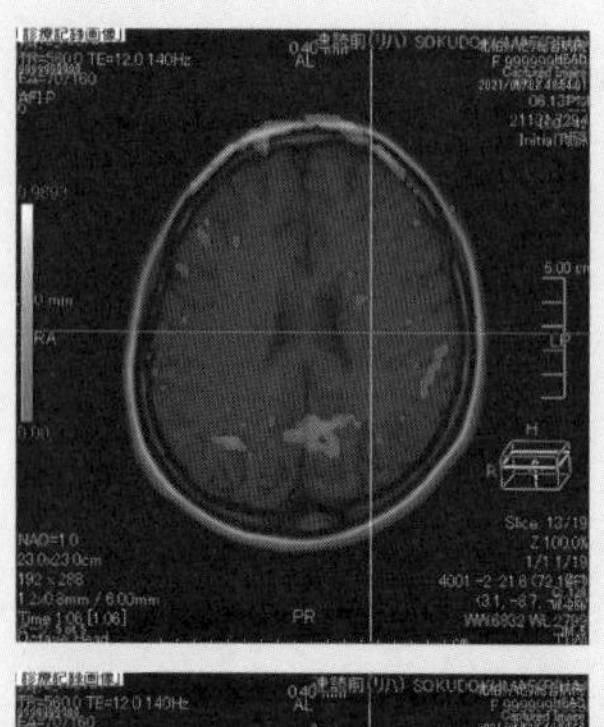

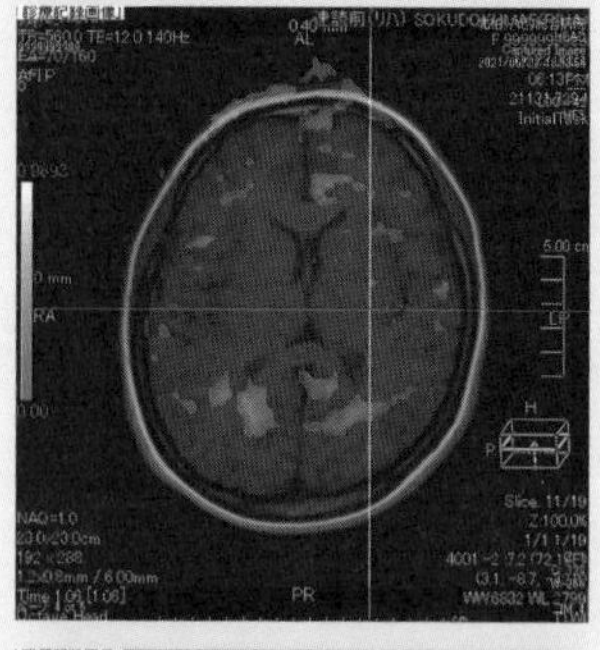

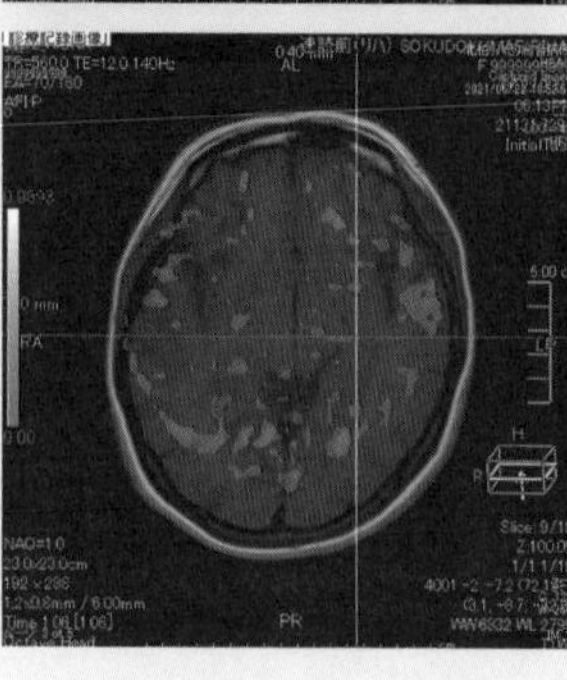

これらの画像から、らく速読インストラクターの本の読み方は、

1、右脳を使って読んでいる
2、脳の使い方がシンプルで超効率的になっている

ことが考えられるのです。
それぞれどんな意味を持つのか解説しましょう。

らく速読は「音読」ではなく「視読」だから速い！

そもそも本を速く読むためには、

・目で「速く視て」
・脳で「速くわかる」

ことが必要です。

本を読むのが遅い人の多くは、頭の中で文字を音声化（音読）して読んでいます。実際に声に出していなくても、頭の中で文字を読み上げているのです。

いくら高速で音読しても、読書スピードを上げるのには限界があります。早口言葉のスピードに限界があるのと同じです。

一方で、**らく速読は、音読ではなく「視読」で読みます。**文字をわざわざ音声化しません。

らく速読を知らない人でも、無意識に「視読」しているときがあります。街中で看板を見たときです。たとえば私たちは「STARBUCKS」の看板を見たとき、その文字をわざわざ音読していません。だけど、文字の意味はすぐに理解できます。

この感覚と同じように本を読むのが「視読」なのです。

「視読なんて本当にできるの？」と思うかもしれません。目で速く視られたとしても、その意味を理解することなどできるのか、と。

［音読］

［視読］

［音声化を省くから視読は速く読める］

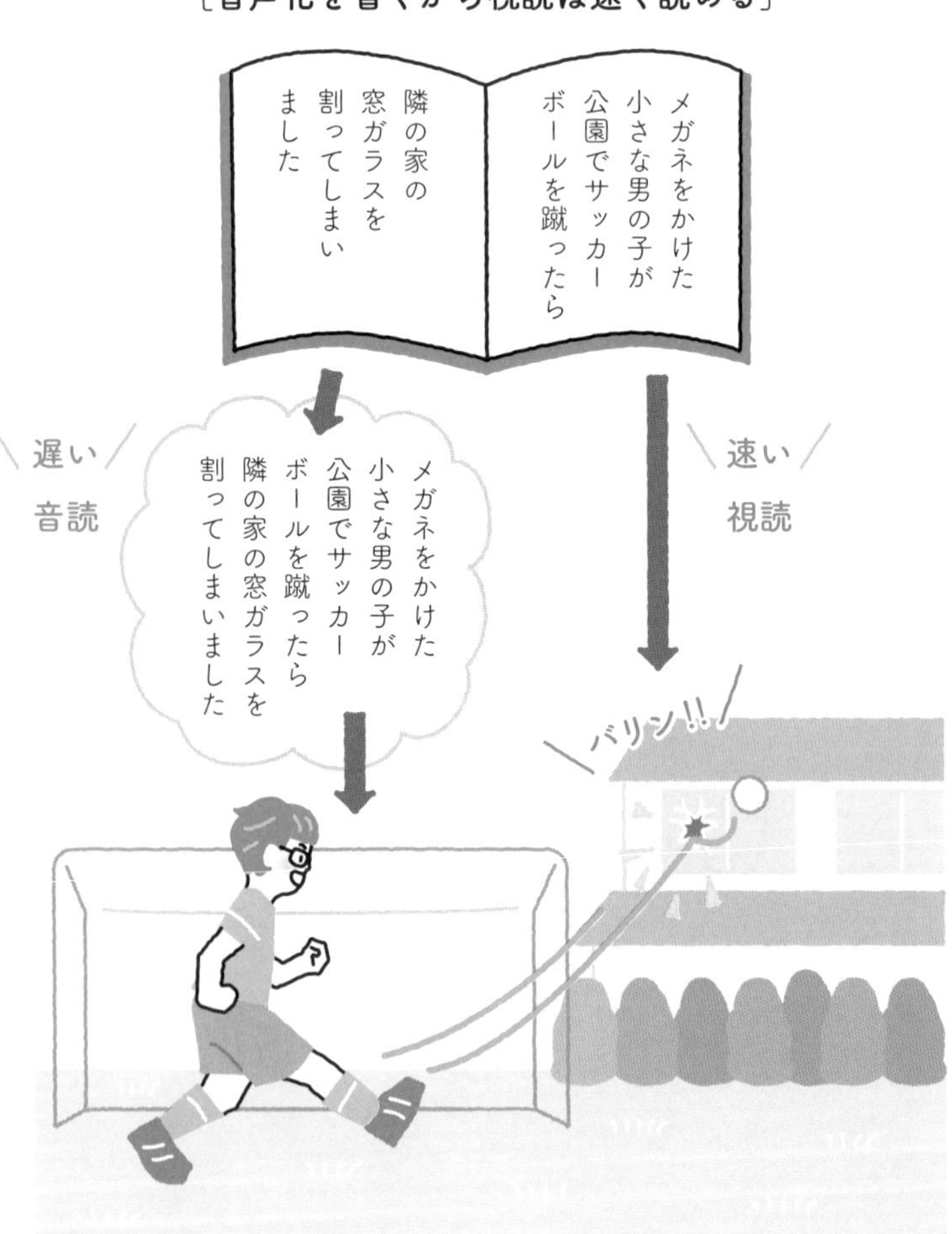

らく速読なら、できるんです。特別な人だけでなく誰でもできるようになります。

らく速読は「脳の使い方」を変えるメソッドだから、「視読」できるようになるのです。

才能や知識量に関係なく、らく速読のメソッドを実践するだけで、「脳の使い方」は自動的に変わります。

「右脳」を活用すれば、「視読」はカンタン！

なぜ、らく速読では読書スピードがより速い「視読」ができるようになるのか、掘り下げていきましょう。

一般的な読書では、主に「左脳」が活用されています。

左脳は、「言語を理解」する部位です。物事を考えたり、分析したり、比較したりする論理的思考を得意とし、成長とともに発達していきます。

一方、らく速読では、「右脳」が主に活用されます。

右脳は、「イメージや直感」を司(つかさど)っている部位です。言語能力に乏しい幼少期ほど優位の傾向にあり、情報をあるがままに受け取って、想像力（創造力）を発揮するのが得意です。

読書といえば「言語を理解」するのだから、左脳が使われるのが当たり前と思うかもしれません。しかしこれが、読むのが遅くなる落とし穴なのです。

左脳優位で読むと、読み方はどうしても「音読」になります。本の内容を頭の中で1文字ずつ読み上げる分、読書スピードは遅くなります。

一方、**右脳を活用して読むと、イメージ力や直感力によって、「視読」ができるようになります。**本の内容を「視る」だけで、何が書かれているか瞬時に把握できます。

音声化する時間と労力を省いてショートカットするので、脳のリソースを節約でき、読書スピードが高速になるばかりか、理解もより深くなるのです。

もちろん、「右脳で読む」というときにも左脳は働いています。本書では便宜的に「右脳で読む」という表現を使いますが、それは秘められた右脳のパワーを活用することだとご理解ください。左脳は論理的思考や情報の分析など、読書を

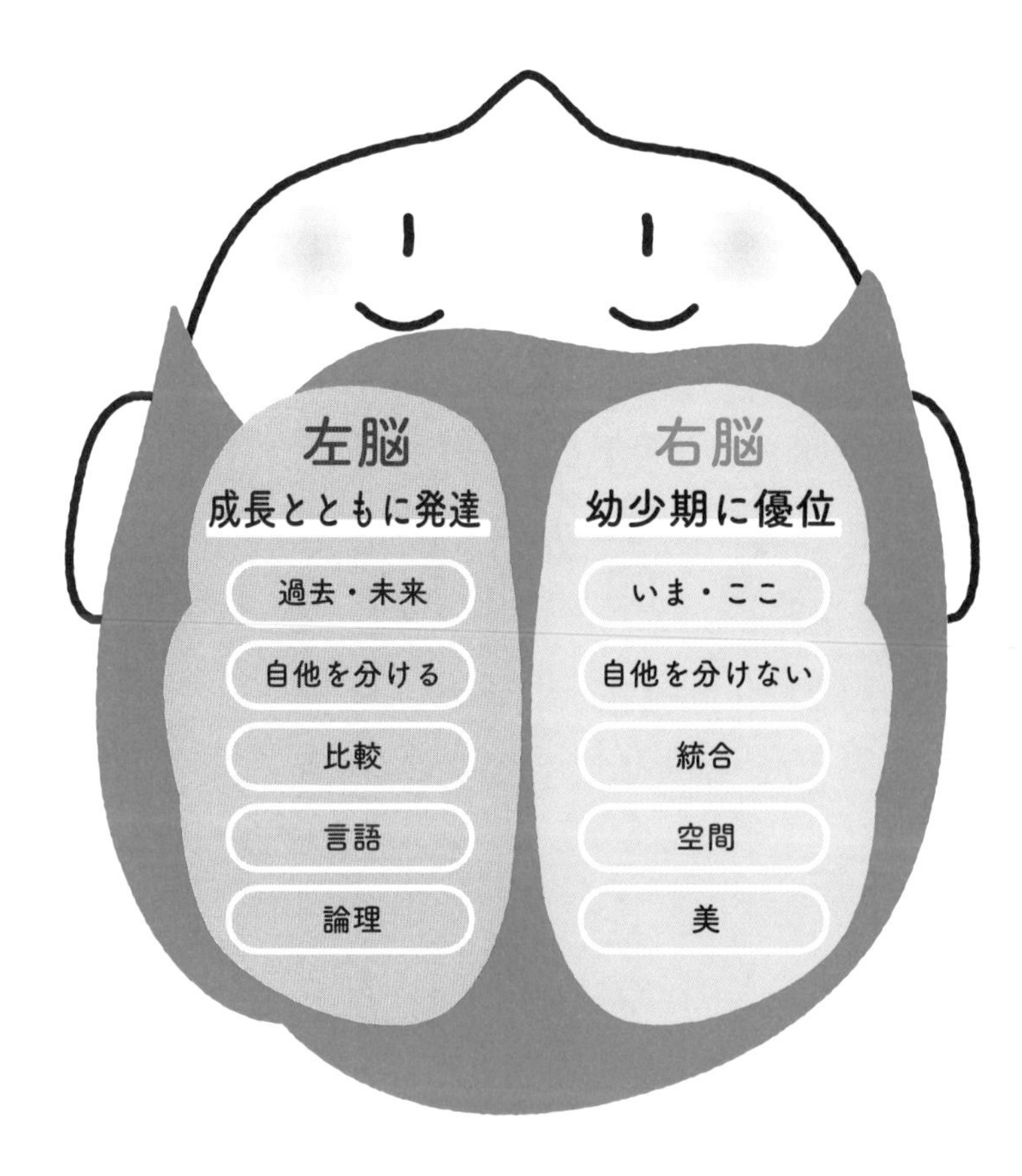
左脳
成長とともに発達
過去・未来
自他を分ける
比較
言語
論理
右脳
幼少期に優位
いま・ここ
自他を分けない
統合
空間
美

する際に欠かせない能力を担っています。

右脳のパワーを引き出すには、脳のさまざまな思考ノイズを打ち消すために、心身をリラックスさせる必要があります。

リラックス状態で読めば、脳疲労を最小限に抑えて、まるで乾いたスポンジに吸い込まれる水のように、本の内容を脳に吸収することができるのです。おのずと読書をするのが楽しくなってくるでしょう。

なぜ、脳の使い方が「シンプルで超効率的」になるのか？

らく速読インストラクターの脳画像を見ると、右脳の一部を除いて、脳が全体的に光っていない（鎮(しず)まっている）ことがわかります。

一方で、らく速読未経験者の脳は全体的に光っています。未経験者は、「ちゃんと読もう」「すべてを理解しよう」と、頭の中で一生懸命がんばって音読をしているため、脳全体に負荷がかかっているのです。

それは一見、脳が活性化しているようにも思えますが、実際は「ちゃんと読もう」「すべてを理解しよう」という雑念やあせり、緊張などによって、脳が空回りしているものと考えられます。

つまり、らく速読を実践していないほとんどの人は、読書中も脳は思考ノイズだらけで、無駄にパワーを浪費し、脳疲労を起こし、結果として読むのが遅くなってしまうわけです。

私は、**らく速読によって脳が鎮まる理由は「脳を特殊な環境に置く」から**だと考えています。

脳の部位はざっくりと、前頭葉・後頭葉・頭頂葉・側頭葉の4つの部位に分けられます。前頭葉はコミュニケーションや記憶力などを司る部位、後頭葉は視覚を司る部位、頭頂葉は空間把握を司る部位、側頭葉は聴覚を司る部位です。

ストレスの多い社会生活を送っていると、どうしても前頭葉（や左脳）ばかりを使う、偏った非効率な脳の使い方をしている傾向にあります。

らく速読は脳の全部位を刺激する！

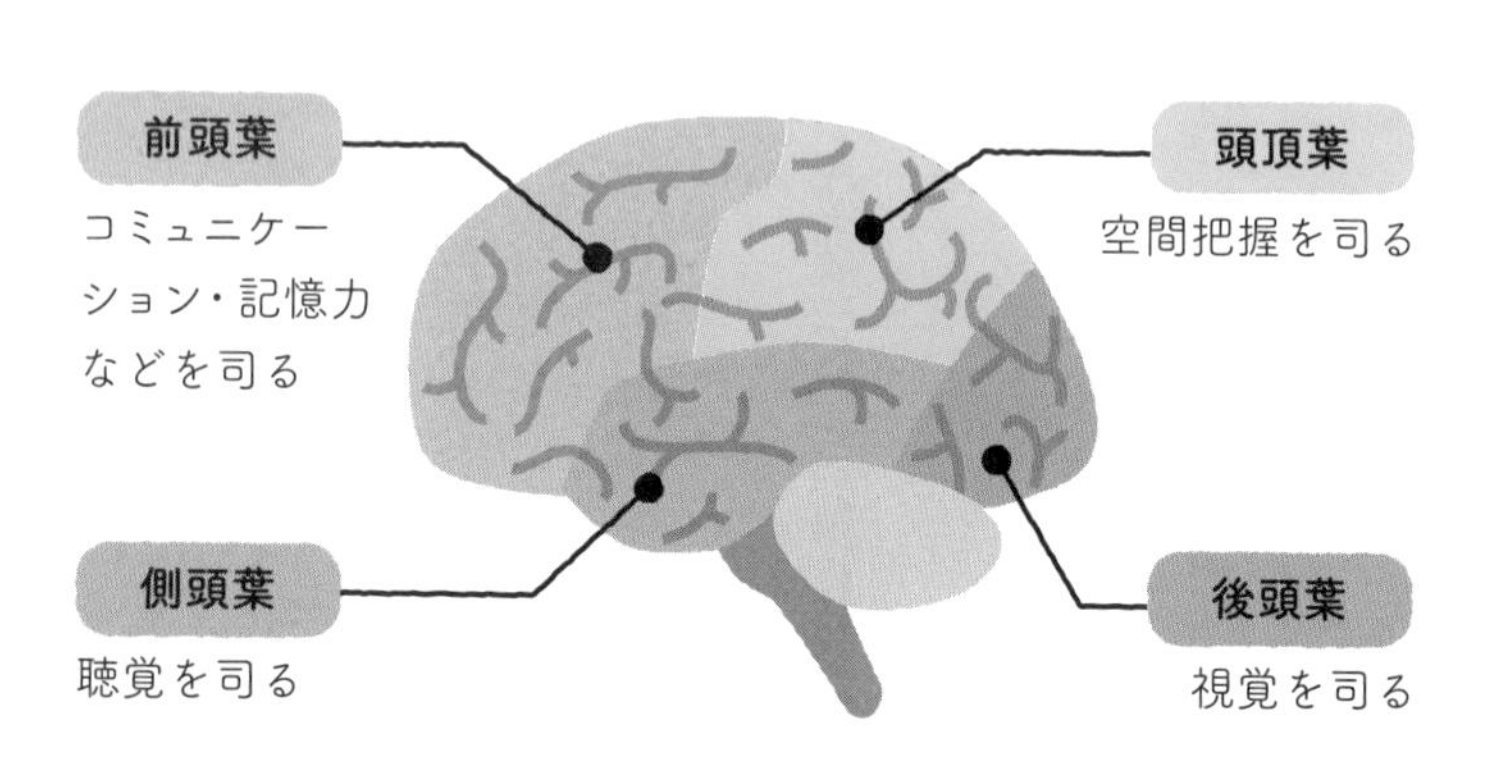

後述しますが、らく速読はこれらの脳の4つの部位にまんべんなく働きかけるメソッドを実践します。そのメソッドを実践すると、ある意味、一度に10人の話を聞き分ける聖徳太子になったような感覚になります（おそらく聖徳太子は、知らず知らずのうちに「らく速読」と同じ脳の使い方をしていたと推測しています）。

すると何が起きるかというと、**脳がまんべんなく刺激されることで、よけいな「空回り」をしなくなり、むしろ「からっぽ（究極のリラックス状態）」になったような感覚になります**。

だから、らく速読のインストラクターの脳は全体的に心地よく鎮（しず）まっているのです。

しかし、「視読」するのに必要な右脳（視覚を司る後頭葉中心）だけは、しっかり働いていています。らく速読なら、こうしたシンプルかつ効率的な、理想の読み方ができるようになるのです。

らく速読を実践するとき、脳自体も「らく」をしているといえるでしょう。

らく速読では「モーターラーニング」が起こっている可能性も

さらなる研究を重ねる必要がありますが、らく速読ではモーターラーニング（運動学習）が起こっているのではないかと私は推測しています。

たとえば高い山に登ろうとするとき、遭遇するさまざまな現象に対応しなければ頂上に立つことができません。それと同じように、「運動の上達の過程において、さまざまなプロセスをたどっていく」ことをモーターラーニングといいます。

運動技能は一般に、①認知的・意識的な段階、②感覚と運動の連合段階、③自動化の段階という3つの段階を経て、動きを洗練させながら上達していきます。

子どもの頃、自転車に乗ったときのことを思い出してみてください。

まずは補助輪をつけて練習を始め、大人のサポートを受けながら徐々に乗れるようになってきたはずです。

途中、何度も転んでも、だんだんバランスが取れるようになっていき、最終的には「意識しなくても」自然に乗れるようになります。

そして、いったん乗れるようになると、乗り方を忘れることはもうありません。モーターラーニングが終了し、自動化した状態です。

らく速読のインストラクターの「脳の使い方」がシンプルで超効率的になっていて、それが定着しているのは、このモーターラーニングによる「自動化」が脳に起こっている可能性があるでしょう。さらなる研究を重ねていきたいと思います。

らく速読で期待できる医学的効能・恩恵

読書が人生にもたらす恩恵は計り知れません。
医学の分野では、読書の効能が次々と報告されています。
たとえば、

- 6分間の読書でストレスの68%が軽減（イギリス・サセックス大学）
- ＩＱ（知能指数）が高くなる（アメリカ・アイオワ州立大学）
- アルツハイマー病にかかるリスクが低くなる可能性（アメリカ・ラッシュ大学）
- 人の心情を読み取る能力（共感力）がアップする（アメリカ・ニュースクール大学）

このほかにも、「長生きする」「寝つきがよくなる」「集中力が高まる」など、さまざまな効能が医学によって明かされています。

らく速読なら、これらの素晴らしい恩恵を4倍速で得られるのです。

また、らく速読は思考の空回りやノイズを減らして、「脳の使い方」をシンプルかつ超効率的に変えるので、**情報処理能力や記憶力、思考力が高まり、ビジネスや学習のパフォーマンスアップが期待できます。**

さらに、物事や人間関係を俯瞰(ふかん)して眺められるようになり、**コミュニケーションやアンガーマネジメントにも役立ちます。**

らく速読によって、

「メールの処理スピードが上がった」
「定時で仕事が終わるようになった」
「ごちゃごちゃ悩まなくなった」
「自分の考えを整理できるようになった」
「家族との関係がよくなった」

など、読書スピードが上がる以外にも効果を実感している人が大勢います。

これだけではありません。

らく速読で「左脳」のブレーキが解除されると、自分でも気づいていなかった才能が開花する人が多いです。

右脳の中に埋もれていた「自分の本音」に気づき、夢や目標を見つけ、前向きに歩むことをサポートしてくれます。

かくいう私も、らく速読のおかげで新たな夢を見つけました。それは、らく速読を医学的にさらに研究し、世の中に広めたいという夢です。今は医師をしながら、らく速読の研究を続ける充実した毎日を送っています。

私はらく速読に出合うまで、「左脳優位」の生き方をしていたと感じています。左脳優位とは、何事も論理的に考えて、子どものような無邪気さを失った「頭でっかちな生き方」です。

読書においても、仕事においても、人間関係においても、「〜すべき」「〜しなければならない」と決めつけて、自分の本当の望みを心の奥に隠していたのかもしれません。

そんな私がらく速読に出合い、「右脳優位」で生きられるようになると、「楽しい」という気持ちや、「〜したい」という感覚が人生の判断軸になりました。

仕事や人間関係においても「決めつけ」がなくなったおかげで、笑顔あふれる仲間に囲まれています。

凡庸な表現かもしれませんが、**「自分のありのままに」生きられるようになると、人生はこんなにも幸せで、楽しく、美しいものなのかと日々実感しています。**


次はあなたの番です。

私のような「頭でっかち」でも、らく速読で「心の武装を解除」できたのですから、あなたにも必ずできます。

らく速読で、楽しい人生にしていきましょう！

第 1 章

「らく速読」で読書の常識が覆る！

速読も人生も、「がんばらない」が成功の秘訣

はじめまして。著者のヨンソと申します。

私は国内に63、海外に2、オンラインに4（2024年4月現在）のスクールを持ち、生徒数2万6000人以上（卒業生含む）の「楽読」を運営する会社でCMOを務めています。

「はじめに」で、きちけん（伊藤吉賢）がお伝えしたように（スクールでは、インストラクターも生徒もみんなニックネームで呼び合うんです）、**らく速読は人生を変えるパワーを秘めた速読メソッド**です。

あなたはきっと、「自分も速読できたらいいな」「たくさん本を読みたいな」と思ってこの本を手に取ってくれたことでしょう。

もしかすると、すでに別の速読法を試してみて、挫折してしまった経験があるのかもしれません。

なぜ、あなたは速読ができなかったのでしょうか？

断言します。

それは、あなたが「がんばりすぎていた」からです。**「がんばりすぎ」は速読ができない一番の原因**だといえます。

根本的な部分を変えずに、速読のトレーニングをしても、うまくいかないのは当たり前のことなのです。

速読向きの読み方にアップデートするための第一歩は、「がんばらないで、らくをする」ことです。

速読法は、一生懸命トレーニングして身につくものではありません。

むしろ、「気楽にやる」「テキトーにやる」「楽しんでやる」くらいのスタンスで臨んだほうが、メキメキ成果が上がります。

だから、らく速読を始める際は、ぜひ「がんばらない」でください。

まずは、このことを覚えておきましょう。

本書を最後まで読んでいただくと、「がんばらない」「らくをする」ことの大切さをおわかりいただけると思います。

速読の習得のためだけでなく、「がんばりすぎる」ことは、人生にさまざまな苦痛や弊害をもたらします。

もしあなたが生きづらさを感じているならば、**らく速読を通して、「らくな人生」を歩むきっかけにもなる**でしょう。

なぜ、らく速読にはそんな力があるのか、少しずつひもといていきます。

あなたはどうして速読したいの？

らく速読のメソッドを実践すれば、誰もが今の4倍以上のスピードで本を読むことができます。1冊の本を読むのに4時間かかっていた人は1時間、2時間かかっていた人は30分で読み切れます。慣れてくれば、1冊15分程度で読めることも珍しくありません。

私自身、一般的な厚さのビジネス書なら、本の内容にもよりますがおおよそ15分程度で読むことができます。

ただ、「1冊15分」というのは、世の中にたくさんある速読法に比べたら、特筆するほど速いスピードではありません。

既存の速読法には「1冊3分」で読めると謳っている手法もあるくらいです。読了時間が速ければ速いほど、自由になる時間が増え、限りある人生の時間を有意義に使える。だから、とにかく読書スピードを上げるほうがいい……本当でしょうか？

ここで立ち止まって、冷静に考えてみましょう。

「そもそも、あなたはどうして速読をしたいのですか？」

読書時間を1秒でも短くすることが、あなたの目的ですか。

違うと思います。

読書時間を短くすることで幸福感を覚える人もいるかもしれませんが、多くの人は、それが本当の目的ではないはずです。

速読したい理由が「たくさん本を読みたい」ならば、なぜ「たくさん本を読みたい」のでしょうか？

その理由が「ビジネススキルを伸ばしたい」ならば、なぜ「ビジネススキルを伸ばしたい」のでしょうか？

その理由が「いい会社に転職したい」ならば、なぜ「いい会社に転職したい」のでしょうか？

その理由が「給料を上げたい」ならば、なぜ「給料を上げたい」のでしょうか？

その理由が「たくさん旅行をしたい」ならば、なぜ「たくさん旅行をしたい」のでしょうか？

旅行が好きだから、旅行すると幸せだから……。

つまり、「幸せになりたい」から。

そうです。

速読したい理由を根本まで突き詰めていくと、誰もが「幸せになりたい」にたどり着くはずです。

そのことを忘れて、ひたすら読書スピードを追求するような読み方は、目的を見失っている読書だといえます。

ぜひみなさんも、らく速読を実践する前に「自分はなぜ速読がしたいのか」を突き詰めてみてください。

速読する目的が明確になると、おもしろいくらいに「らくに」速読ができるようになります。そして、笑ってしまうくらいに人生が好転していくのです。

らく速読で読書の常識が変わる

私自身、らく速読によって人生が変わった一人です。

私は、愛知県名古屋市に在日コリアン3世として生まれ育ちました。大学卒業後は金融機関に8年勤め、その後、親の仕事を引き継ぐかたちで経営者になりました。

実はその会社には5億5000万円の借金があり、それから10年間はずっとお金に苦しめられてきました。

激しいストレスからいつもイライラしており、頭痛にも悩まされる毎日。なんとか状況を打破しようと、成功者の講演会や高額セミナーに何度も参加したり、パワースポットめぐりをすることもありました。計1000万円以上の金額をこれらに使いましたが、望むような結果は得られず、自信はみるみる失われていきました。

また、起業家や経営者がオススメする本を何十冊、何百冊と買い込んで必死に「がんばって」読書しました。しかし、読み終えても知識は何ひとつ身につかず、大量に積まれた本を前にして茫然（ぼうぜん）としたことを覚えています。

まさに、人生のどん底でした。

そんなとき、らく速読に出合ったのです。

２０１１年、楽読創始者のナナちゃん（平井ナナエ）と知り合った私は、楽読のスクールにお邪魔する機会がありました。そこではインストラクターと、老若男女６人の生徒が楽しそうに語り合っています。

第一印象は「なんちゅうめでたい人たちだ」というものでした。

時は東日本大震災から半年も経っていない頃で、世の中には閉塞感のある暗い雰囲気が漂っていました。

なのになぜ、この人たちはこんなに明るくて楽しそうなのか？　人として前向きなエネルギーをひしひしと感じたのです。
そんなスクールの雰囲気にも驚かされましたが、レッスンに参加してみると、さらなる衝撃が待ち受けています。

私の「読書観」は一変しました。

読書といえば、静かな空間で集中して読むのが普通のスタイルです。私はいくつかの速読スクールに通ったこともありますが、読書スピードを伸ばすために、一人で真剣に本やテキスト、動体視力を鍛える液晶画面に向き合うのが一般的です。

でも、らく速読はまったく違ったのです。

読書中にずっと「3倍速の英語」が流れていたり、インストラクターが「好きな食べ物は？」と聞いてきたり、生徒同士の会話があったり、速読トレーニングなのに呼吸法やストレッチがあったりと、読書に「集中」できる空間とは思えませんでした。

そもそも本は、「読む」のではなく「視(み)る」ものだと教えられます。頭の中はパニック状態で、思わず笑ってしまうほどです。

読書しているというよりは、子どもの頃に戻って友だちと遊んでいるような雰囲気です。

でも不思議なことに、レッスン前後の読書スピードを計測してみると、レッスン後のほうが必ず結果がよくなっています。**頭がスッキリして、気持ちいいマッサージを受けたあとのように爽快な気分になりました。**

私は数回のレッスンで、らく速読の奥底に眠る可能性に気がつきました。

読書スピードがアップして積読本を読破するだけでなく、「速読の目的」が明確になっていた私は、自分に必要な知識をみるみる吸収していきました。

その結果、心の奥に眠っていた「人生のミッション」にも気づかされ、1年足らずで人生が激変していったのです。

現在は登録者数14万人超のYouTubeチャンネル『ＯＷＳ　ＴＶ』を運営し、人生を好転させるための情報発信を行っています。

すべては、「左脳のブレーキを解除して、右脳のアクセルを踏み込む」らく速読のおかげなのです。

読むのが遅い人は、頭の中で音読している

らく速読の理屈は非常にシンプルです。

本を速く読むには、

1、目で速く視る

2、脳で速くわかる

この2つが必要となります。

まず、1つ目の「目で速く視る」について。

通常、私たちが視野で文字情報を捉えると、左脳の角回（かくかい）という部位で意味を理解するといわれています。

実際に声に出さなくても、頭の中で音声化して読んでいるのです。

その原因は、学校教育によるところが大きいでしょう。学校では教科書に書かれた文章を、1文字・1行・1ページと、最初から最後まで声に出して、丁寧に読んでいきます。「音読」こそが正しい読み方だと、脳にしっかり刷り込まれてしまうのです。

大人になってからも教科書を読むように本を「音読」していることが、読書スピードが上がらない大きな原因なのです。

しかし、**「音読」がクセになっている人でも、文字の意味を音声化しないで理解する脳の回路を持っている**とされています。

その回路を使った読み方が「視読」です。

「視読」は、文字を読まずに、文字そのものを「視る」だけの読み方です。

音読に慣れている人は、ついつい音にして意味を考えてしまいがちですが、らく速読では、「文字を視る」クセをつけてもらいます。最初のうちは文章の意味がわからなくても、「視る」だけでＯＫです。

「視読」のイメージは、街中で看板を見かけたとき、わざわざ音声化しなくても一瞬で「マクドナルドだ」と脳が意味を理解している感覚です。その感覚を読書で実践するのが「視読」だといえます。

難しく思えるかもしれませんが、実は多くの人が「視読」を実践しています。

書店で本を立ち読みするとき、教科書のように頭の中で1文字ずつ音声化して読む人はいないでしょう。ページをめくりながら文字を視て、ほとんど直感的に文意を読解して、本の内容を把握しているのではないでしょうか。

あるいは、新聞の内容をざっくり把握したいとき、1面の頭から一字一句丁寧に読むことはしないはずです。ペラペラと新聞をめくりながら、目に飛び込んできた見出しや記事の内容を、熟読せずとも理解しているはずです。

ネットの記事もそうでしょう。一言一句を音読で読むのではなく、画面をスクロールしながら直感を働かせてサッと視て、記事の内容を理解して読んでいる人は少なくないと思います。

このように「本以外の文章」については、「視読」できる人が多いのです。

にもかかわらず、本に関してはなかなか「視読」ができない。それは繰り返しますが、学校教育で「音読」が刷り込まれているからなのです。

「視読」を読書に採用することが、らく速読の1つ目のポイントです。

「集中」して読んでも内容は頭に残らない

次に、2つ目の「脳で速くわかる」についてです。

じっくり丁寧に時間をかけて、集中して読んだつもりなのに、内容をほとんど覚えていない。そんな「ざんねんな読書体験」をしたことのある人は少なくないでしょう。私自身、らく速読に出合うまでそんな読書を繰り返していました。

がんばって集中して読もうとすればするほど、反対に読書スピードが遅くなる、というジレンマも感じていました。


なぜ集中して読んでいるのに、内容が頭に残らないのでしょうか？

脳には、記憶するための「ワーキングメモリ」という能力があります。

これはパソコンやスマホの容量のようなもので、一時的に脳に情報を保持するための能力です。

1冊の本を集中して読んだとしても、ワーキングメモリの容量は限られているため、その内容を大量に覚えることは不可能なのです。**集中して読もうが、いい加減に読もうが、ワーキングメモリの容量以上は記憶できない**といえます。

また、何らかの訓練をしていない限り、集中して読むと必然的に「音読」になるので、読書スピードも遅くなります。文章を「音」に変換するので、その分ワーキングメモリを過剰に使用してしまうのです。

その結果、時間をかけてじっくり読んだのに何も覚えていない、という悲しい事態になってしまいます。

それどころか、「集中して読む」「無理やり覚えようとする」読書は、脳にメモリ不足を引き起こす可能性もあります。

パソコンやスマホで、ソフトやアプリをたくさん起動させると、動きが遅くなったり固まってしまったりすることがあります。メモリが不足して、情報処理が追いつかなくなったからです。

脳も同じで、**「がんばって読まなきゃ」という雑念やプレッシャー、読書への**

苦手意識などの思考の空回りやノイズがあると、ワーキングメモリが満杯になってしまい、記憶力の低下を引き起こしてしまうのです。

そして、脳内が情報過多になると、脳疲労が蓄積し、この点からも読書スピードを遅らせます。集中して読書すると、ついつい眠くなってしまうのは、脳に過度の負担を与えているからなのです。

これらを総括すると、「集中して読む」ことにはなんのメリットもないことがわかります。

では、どうすればいいのか？

集中状態の反対、「リラックス状態」で読めばいいのです。

リラックス状態で読むと、脳への負荷が軽減し、視野で捉えた文字の意味を高速で理解できるようになります。直感が働きやすくなるので、文字を音声化しなくても「先読み」してわかるのです。

「音読」から「視読」へ読書フォームを変えよう

視読は、頭の中で文章を音声化しない分、音読よりも速く読める。その理屈はわかるのだけど、本当に視読なんてできるのかと疑問に思う人もいるかもしれません。

そう思うのは、本の読み方は1つしかないという固定観念のせいです。

その固定観念を壊しましょう。

人にはそれぞれ、読み方のクセがあります。読書フォームといってもいいでしょう。教科書を読むように完全な音読をしている人もいれば、部分部分は無意識に視読をしている人もいるはずです。

それぞれの読書フォームを、100％視読に矯正すれば、なんのがんばりも必要なく、誰でも速読ができるようになるのです。

たとえば、泳ぐのが遅い人は、バタ足や息継ぎの仕方などのフォームを矯正するだけで、確実に泳ぐスピードは速くなります。走るのが遅い人も、腕の振り方や脚の動かし方などのフォームを改善するだけで、みるみるタイムが向上します。そもそものフォームが間違っている人ほど、ハードなトレーニングなどしなくても、フォームを見直すだけで驚くほど速くなるのです。

らく速読にも同じことがいえます。

音読から視読に読書フォームを変える。そのためのメソッドをこれから紹介していきます。

らく速読は、「体」「心」「目」をほぐすメソッド

楽読スクールでは、「リラックス状態」で本を読めるように、インストラクターが脳をゆるませる環境を作っています。互いをニックネームで呼び合うことも環境作りの1つです。

本書では、ご自宅で一人で実践していただくことを想定し、楽読のエッセンスを集約した「らく速読」のメソッドを紹介します。

らく速読の3大メソッドは以下の3つです。

メソッド1：体をほぐす（キラキラ体操、腹圧調整）
メソッド2：心をほぐす（オープンマインド・リーディング）
メソッド3：目をほぐす（眼筋ストレッチ、高速パラパラ、非音声化リーディング）

らく速読は、「体」「心」「目」の3つをほぐすことで、深いリラックス状態で本が読めるようになります。

これらの具体的な実践法は、次章でイラストを使いながらわかりやすくお伝えしたいと思います。

ここでは、なぜこれらのメソッドにより「深いリラックス状態」となり、「右脳」で読めるようになるのかを説明します。理屈がわかると、実践するのがますます楽しく、らくになるでしょう。

らく速読メソッド 1

体をほぐす（キラキラ体操、腹圧調整）

「脳を超効率的に使う」「左脳のブレーキを解除して、右脳のアクセルを踏み込む」読み方をお伝えする前に、まずやってほしいことがあります。

体をほぐすことです。

みなさんの中には、ストレスの多い仕事や生活をしている人も多いでしょう。

現代人の多くは過剰なストレスにさらされて、心身が常に緊張している傾向にあります。**心と体は密接につながっているため、心をリラックスさせるには、まず体をリラックスさせなければなりません。**

らく速読で最も重要なのは、リラックスです。本を読む前にかんたんなストレッチや散歩をするだけでも、読書スピードや理解度は格段に上がっていきます（ぜひ一度、試してみてください）。

私たちの研究の結果、最短かつ確実に読書に最も適したコンディションに整えてくれるのは、「コアチューニング®」というメソッドだとわかりました。

背中や肩まわりの筋肉をほぐして脳への血流量を増やす「キラキラ体操」と、内臓をほぐして自律神経を副交感神経優位へと導く「腹圧調整」からなる体操です。

「コアチューニング®」は、マッサージや筋トレとはまったく違うメソッドで、体幹を整え、人間の能力を100％発揮させる調整法です。

開発したのは、キックボクシングの日本チャンピオンだった須田達史さん。

須田さんは、幼少時より、剣道、柔道、空手などの武術を学び、キックボクシング引退後は、空手やキックボクシング、シュートボクシング、K-1選手などのトレーナーを務めるかたわら、自身のセルフコントロール能力を高める「コアチューニング®」を開発し、世界チャンピオン8名、日本チャンピオン20名を育成しています。

「コアチューニング®」は、広く一般にも適用できる健康法として紹介され、多くの人がその効果を実感しています。

この「コアチューニング®」を読書前や読書の合間に実践し、体から「心（脳）をほぐして」リラックス状態にいざなっていきます。

「読書するのに体操をしなくちゃいけないの!?　体操している暇があったら読み始めたほうが早くない？」と思われるかもしれません。

けれど、この準備段階を確実に踏んでおくと、読書の質が劇的に変わります。

「コアチューニング®」は2つのメソッドで構成されています。

「キラキラ体操」（96～97ページ）をすると、凝り固まった肩まわりや背中の筋肉がみるみるほぐれていきます。筋肉が硬いと血流が滞り、血流の悪さは自律神経のバランスを崩すことにつながります。

自律神経の乱れは不安やあせりなどのネガティブな感情を誘発し、らく速読を妨げます。だから、「リラックス状態」を作るために、筋肉をほぐす「キラキラ体操」はとても有効なのです。あまりの気持ちよさに、楽読の生徒さんの中には、「キラキラ体操」を日常習慣に取り入れている人も多いです。

「腹圧調整」（98～99ページ）は、お腹のマッサージをしながらゆっくりと呼吸をする体操です。3秒かけて息を吸い、10秒かけて息を吐きながら、お腹の7つのポイントを指で押していきます。

これらの「コアチューニング®」をすると、体幹が安定し、リラックス感を覚えます。その理由は腹圧を高く保ち、姿勢がよくなり内臓も機能しやすくなるからです。

また、**「コアチューニング®」は、幸せホルモンともいわれる「セロトニン」を増やすのにも役立ちます。**

セロトニンは「規則的なリズム運動」「ゆっくり長く吐く呼吸」によって分泌量が増えるとされ、腹圧調整による呼吸は、この条件に該当する体操なのです。

セロトニンの95%は小腸で作られています。お腹を刺激して腸の働きを高める効果も期待できる腹圧調整は、幸せホルモン「セロトニン」を倍増させる「幸せ体操」といえるでしょう。

「キラキラ体操」と「腹圧調整」を読書前や合間に実践することで、本の内容が勝手に脳の中に飛び込んでくるほどの深いリラックス状態で読書に臨めるのです。

らく速読メソッド 2

心をほぐす（オープンマインド・リーディング）

「オープンマインド・リーディング」（102〜117ページ）とは、「左脳のブレーキを解除して、右脳のアクセルを踏む」読み方を実践するための、本書で核となる手法です。

一般的に、音読によって本を読んでいる人は、脳のさまざまな部位に負担をかけて読んでいます。それでは、思考ノイズや脳疲労が邪魔をして、右脳のパワーを引き出すことができません。

いわば脳が閉じた状態が、一般的な音読による読書なのです。

そこで、オープンマインド・リーディングの出番です。**閉ざされた脳を「開いて」、右脳の力を開花させる読み方**です。

オープンマインド・リーディングでは、脳を構成する4つの部位（前頭葉、側頭葉、頭頂葉、後頭葉）に同時に刺激を与えます。

「はじめに」できちけんがお伝えしたように、脳を特殊な環境に置くことで、従来の脳全体を使った読書法から、右脳（特に視覚を司る後頭葉）中心の、無駄を省いたシンプルな読書法に切り替えることを目指します。
継続すれば、効率よく読書できるようになるモーターラーニング（運動学習）が起こりやすいと考えています。

具体的には、

「①本のページ全体を視野に入れて読む」

「②読書している部屋（風景）全体を意識しながら読む」

ことで、空間把握を司る「頭頂葉」を刺激します。

また、

「③聞こえる音に耳を傾けながら読む」

「④3倍速の英語を聞きながら読む」

ことで、聴覚を司る「側頭葉」を刺激します。

さらに、

「⑤会話しながら読む」

「⑥独り言を言いながら読む」

ことで、コミュニケーションや記憶力などを司る「前頭葉」を刺激します。

そして、

「⑦衣服や気温、においや味に注意を向けながら読む」

ことで、触覚や嗅覚、味覚などを司る脳の深部にまで働きかけます。

これらと同時に、本を「速く視る」ことを実践すれば、視覚を司る「後頭葉」まで刺激できます。

つまり、オープンマインド・リーディングによって、脳の全部位にまんべんなく刺激を与えることができるのです。

すると脳は思考ノイズが鎮まって、よけいな空回りをしなくなり、ある種の「瞑想(めいそう)状態」になっていると私は考えています。究極の「リラックス状態」です。「読む」という行為1つに集中するのではなく、さまざまな方面に意識が「分散」している状態ともいえるでしょう。

最新の脳科学の研究では、脳が瞑想状態（脳波がリラックスしているときに示すシータ波の状態）になると、情報処理の効率が上がり、高速で入ってくる情報を無理なくキャッチできるようになると報告されています。

このようにオープンマインド・リーディングは、右脳のアクセルを全開にし、脳の使い方をシンプルにする読み方なのです。

もちろん、これらの手法はすべてを同時には行えません。時と場合によって手法を選択するのがよいでしょう。

特に取り入れてほしいのが**「③聞こえる音に耳を傾けながら読む」**です。「集中」して読むのには無音が適していますが、意識を「拡散」させるのに音はとても効果的なのです。

さらに**「④3倍速の英語を聞きながら読む」**もオススメです。高速の音声を聞くと読書スピードが上がることは、学術的にも報告されており（「速聴トレーニングによる速読速度の向上について」『日本e-Learning学会誌』vol.12）、これによると、速聴による読書スピードの向上率は平均で5～10％あったとのことです。

リラックスするにはヒーリング音楽を聴いたほうがいいと思いがちですが、脳を刺激しないのんびりした音楽は、実はあまり効果がありません。

1日中ダラダラ過ごすと、リラックスできるどころか体に疲れが残ります。

一方で、アクティブに活動した日のほうが、その後リラックスしやすく、夜はぐっすり眠れて、朝はすっかり疲れがとれている……という経験は誰しもあるのではないでしょうか。

それと同じで、脳にも適度な負荷を与えたほうが「リラックス状態」になりやすいといえます。

巻末にQRコードで英語の3倍速の音声を用意したので、活用してみてください。

らく速読メソッド 3

目をほぐす（眼筋ストレッチ、高速パラパラ、非音声化リーディング）

本を「速く視る」ためには、前提として目の動きをよくしなければなりません。

目は、体のほかの部分と同様に筋肉に支えられて動きます。目の筋肉は加齢や生活習慣によって衰えるので、定期的なメンテナンスが必要です。

現在はスマホやパソコンの普及もあり、近くのものばかり見て、遠くを眺める機会が激減しています。それが、目の筋肉を衰えさせる一因となっています。

そこでまず、目の筋肉をほぐすために、**「眼筋ストレッチ」**（120〜123ページ）をしてみましょう。

私たちの眼球は、片目につき6つの筋肉に支えられています。目を上下に動かす「上直筋」「下直筋」、左右に動かす「内直筋」「外直筋」、斜めの動きや回転を担う「上斜筋」「下斜筋」です。

また、眼球の中にも瞳孔を開いたり閉じたりする「虹彩」や、ピントを調整するための「毛様体筋」があります。

眼筋ストレッチでは、これらの筋肉の柔軟性を高めて、「目の動きを速く」し、かつ「視野を広げる」ことを目指します。

目がスムーズに動くようになれば、「視読」で文章を次々と「視る」スピードがアップします。

眼筋ストレッチでほぐす筋肉

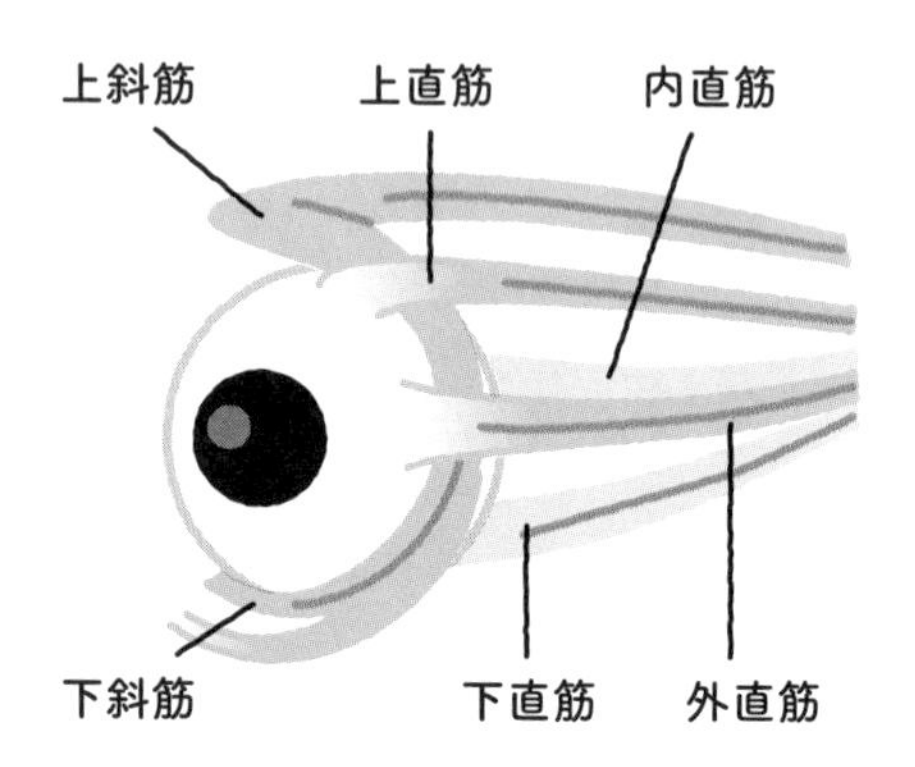

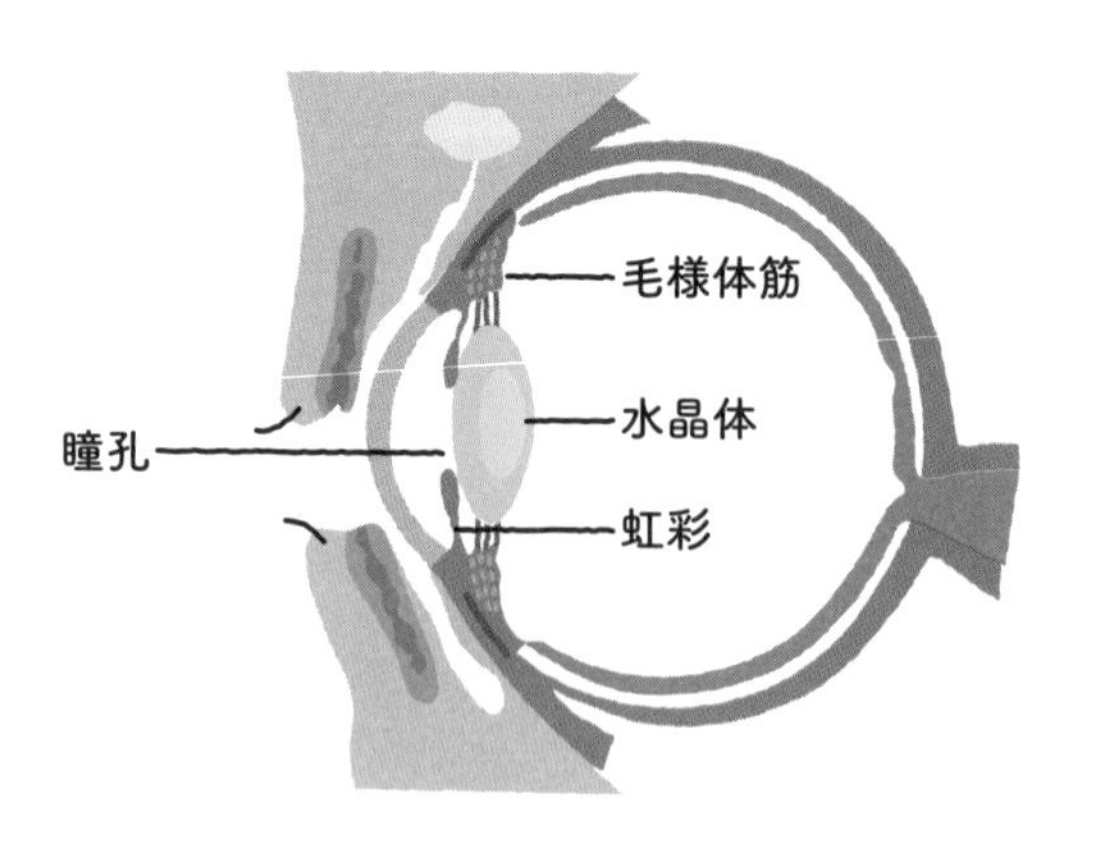

また視野が広がれば、目を動かさなくても、一度に数行のブロックを捉えることができるようになるのです。

さらに、**「動体視力」を上げることも読書スピードを上げるのに役立ちます。**

動体視力とは、動いているものを目で追い続けて視る能力です。一般に、野球選手やボクシング選手などが秀でています。

眼筋ストレッチによって、スムーズな眼球運動ができるようになると、文字が高速で脳に飛び込んでくるようになります。これらの文字を的確に脳でキャッチするために動体視力が求められるのです。

動体視力を高めるレッスンとして有効なのが**「高速パラパラ」**（124〜125ページ）です。本を高速でパラパラめくり、それを何度も繰り返します。そのスピードについていくことで、おのずと動体視力がアップするのです。

以前、らく速読のインストラクター（女性）が日本テレビ系「ZIP！」の取材を受けたことがあります。

その番組でバッティングセンターに行ったのですが、野球経験のない彼女は

160キロの豪速球を何度も打ち返していました。これはらく速読によって、動体視力が並外れて向上していたからです。

ここまでのメソッドを実践して「体」「心（脳）」「目」がほぐれると、**「非音声化リーディング」**（126〜127ページ）ができるようになってきます。

前述したように、「音読」は速読の大敵です。音読しないためには、「内容を理解できなくてもどんどん先に進む」ことが大切です。教科書的な読み方に慣れてしまっている人には抵抗感があると思いますが、文字を「目で視る」ことと、「意味を理解する」ことはイコールではありません。

まずは、「視る」ことに専念すること。きちんと「視る」ことができていれば、わざわざ音声化しなくても、右脳が直感を働かせて、記憶や知識の引き出しから文章の意味を理解させてくれるのです。

この「音にせず、脳で読む」という感覚は、実際にやってみて、感じていただければと思います。

脳には「速度順応」と「汎化作用」がある

非音声化リーディングにより「目で速く視る」クセをつけると、最初のうちはそのスピードに脳がついていけないでしょう。文字が見えているのに、意味が理解できない状態です。

しかし、脳には「速度順応」という「環境適応力」があります。

たとえば一般道から高速道路に乗り入れると、最初のうちはずいぶんスピードが速く感じます。けれど、しだいにそのスピードに慣れていくでしょう。

これは、脳が高速走行のスピードに順応して、情報処理能力を高めたからです。この環境適応力を「脳の速度順応」と呼びます。

非音声化リーディングを行う際も、**「内容が理解できなくてもどんどん進む」ことを続けていると、はじめはそのスピードに脳がついてこられなくても、しだいにスピードに慣れて意味が理解できるようになる**わけです。

脳の速度順応を引き出すためにも、レッスンによって「速く視る」ことを身に

脳の速度順応

一般道路
いつもの
景色

高速道路
景色が
速く流れるが
しだいに慣れる

高速パラパラ
ページが
速く流れるが
しだいに慣れる

つけていただければと思います。「高速パラパラ」も脳の速度順応を引き出すのに役立つでしょう。

さらに脳には「汎化（はんか）作用」という機能もあります。これは、1つの能力が向上すると、それに関連するほかの能力も連動して向上する、というものです。

読書という行為1つにも、「視る」「思考する」「理解する」「記憶する」など、いくつかの能力が使われています。

たとえば、「視る」という能力を伸ばせば、それに連動してそのほかの能力も向上していくのが「汎化作用」です。

この脳の特性はとても使い勝手がよく、**「とにかく速く視る」ことを追求してその能力を上げていけば、それに引っぱられていくかたちで「思考力」や「理解力」や「記憶力」などもアップが見込める**わけです。

らく速読の実践では、最初のうちは「これでいいのかな?」「ちゃんと読めているかな?」と疑問に思うこともあるでしょう。でも、それでいいんです。

今の能力よりも高い能力が必要とされる読み方を続けていれば、「脳の速度順応」によって、今までできなかったことも、いつのまにか当たり前にできるようにな脳の汎化作用で、すべての能力がアップ！

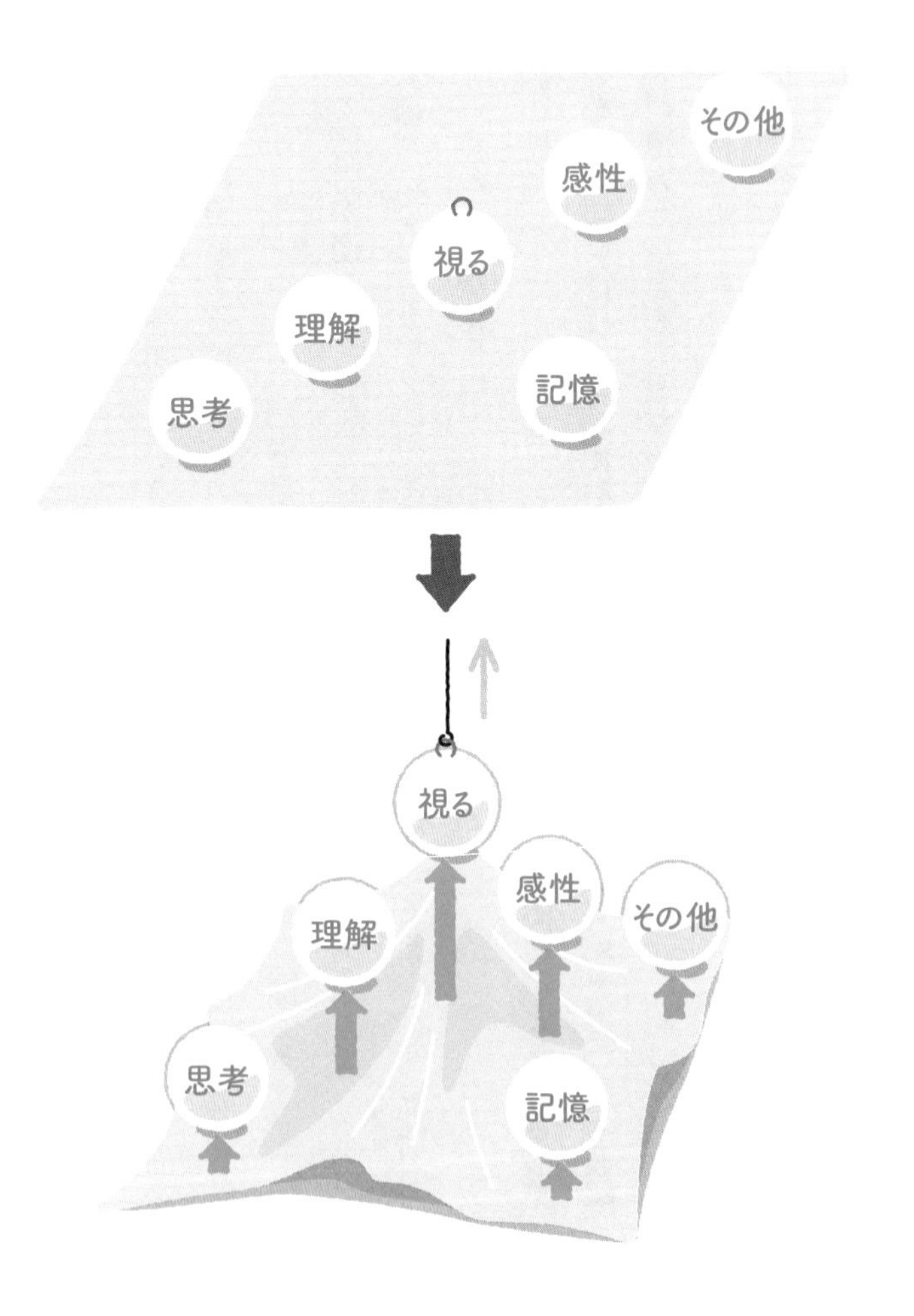

ります。

さらに「脳の汎化作用」によって、読書に必要な能力を全方位的に高めていくことができるでしょう。

らく速読を成功に導く「カーナビ・リーディング」

らく速読の素晴らしさを医学や脳科学の研究成果をもとにお伝えしてきました。ここまでの内容は、全部忘れてしまっても構いません。

「えーーっ!!　せっかく読んだのに」と思うかもしれませんが、本の内容を隅から隅まで記憶しておく必要などないのです。

あなたはこの本を「らくに速読ができるようになりたい！」と思って買ってくれたのだと思います。

それならば、「らく速読の方法を知る」のがこの本を読む目的です（最終目的は「幸せになるため」です）。それ以外の部分は、（著者の私が言うのも変な話ですが）いい意味で読み飛ばしてしまっても構いません。

読書の主体は「本」ではなく「自分自身」であると心得ましょう。つまらないと思うなら、読むのをやめてしまってもいいのです。

これまでの読書経験を思い出してみてください。どれだけの時間を読書に使って、どれだけの知識を得られたでしょうか。「この本の内容は覚えている!」と自信を持って言える本はどれだけあるでしょうか。

膨大な時間を読書に費やしたはずなのに、ほとんど内容を覚えていない。そんな人が多いのではないかと思います。かつての私のように。

つまらないと感じる本は、あなたに必要な知識を提供してくれない本です。あなたの読書の目的を満たしてくれる内容ではないから、つまらないのです。そんな本を無理して読んでいたら、人生の時間を無駄遣いしてしまいます。

読書の目的を明確にして、その目的を達成するための読み方をしましょう。

たとえば車を運転するとき、カーナビに「目的地」を設定すると、最短のルートを教えてくれます。目的地を設定しないまま、行き当たりばったりでスタートすると、道に迷ったり遠回りしたりで、到着するのには時間がかかるでしょう。

迷いすぎてたどり着けないかもしれません。

読書の場合も同様です。**読書の目的を明確に設定しておけば、自分に不必要な情報は軽く読み飛ばして、必要な情報に最速でたどり着くことができるのです。**

人間の脳は、自分に必要な情報を積極的に集めていく傾向があります。

目的を明確にすれば、本選びに迷いませんし、読書スピードも最大化します。

書店に行けば「この本だ！」と直感が働き、いざ、らく速読を始めれば「ここが知りたい情報だ！」とロックオンできるのです。

この機能は、ＲＡＳ（網様体賦活系）と呼ばれます。

人間が五感で捉えた情報は、コントロールセンターであるＲＡＳに送られ、人間の思考や行動が決まっていきます。

しかし、情報のうち優先度の低い99・９９９％は、私たちが知らないうちに処理され、消えてしまっています。

つまり、「速読の目的（この情報を知りたい！）」を脳に教えてあげなければ、脳はその情報を素通りしてしまうのです。

この特性を利用して、必要な情報を集める読書をすることをオススメします。

私はこれを**「カーナビ・リーディング」**と呼んでいます。

カーナビ・リーディングでは、読書の目的を明確にしてから、目次を見て、見出しを眺めつつ全体をパラパラめくり、「およそここにはこんなことが書かれているな」ということを把握します。

そこから、読書の目的を果たしてくれる（必要な情報を与えてくれる）箇所を中心に読み進めていくのです。

繰り返しますが、読書の主体は「本」ではなく「自分自身」です。

本のすべてを理解しようとすると、どうしてもプレッシャーを感じて、力んでしまいます。それはこの本で伝えたい「リラックスする読み方」とはほど遠いものです。

あなたの目的を満たしてくれる内容さえ手に入れればいいと、マインドチェンジしましょう。これまで背負っていた重荷を下ろすことで、あなたの読書はより軽やかに、らくになっていくことでしょう。

らく速読のレッスンで使う本は？

第2章から始まるレッスンでは、初見の本ではなく、読んだことのあるお気に入りの本を1冊ご用意ください。

小説でもノンフィクションでもビジネス書でも実用書でも、ジャンルは問いませんが、写真や図版の多い本ではなく、文字が中心の本を選ぶようにしましょう。そのほうが、らく速読のレッスン向きです。

なぜ、初見の本ではなく既読の本を使うのかというと、初見の本だと、どうしても本の内容を読んでしまいがちだからです。

レッスンでは、今までの読書フォーム（音読）を新しい読書フォーム（視読）に変更することを目指します。なんとなく内容を知っている本のほうが、文字を「読まず」に「視る」クセをつけやすいのです。なぜなら、ある程度内容を知っていれば、読まなくても、なんとなく「わかる」からです。

これが、「視る」だけで「わかる」という感覚です。

レッスンを体験してみて、この感覚がつかめてきたら、今度は初見本で試してみましょう。

すると不思議なことに、初見本でも同じように「視読」ができるようになってきます。

らく速読は「武装解除」でうまくいく

そして、らく速読で忘れてはならないのが、「がんばらない」「集中しない」ことです。

「速く読むぞ！」と、本に全集中して戦いを挑むような態度で読むと、右脳のパワーを引き出せません。きっと眉間にシワを寄せた、難しい表情で読書していることでしょう。

そうではなく、**温泉に入ったときのように脱力して、自然と笑みがこぼれるようなリラックスムードで読みましょう。**

子どもの頃は、誰に指示されなくても、夢中で遊んでいたと思います。それと同じように、遊びのような感覚で読んだほうが、結果的に右脳を活用して読めるようになります。

私はらく速読をすると、心身にまとった鎧(よろい)が剝がされていくような感覚になります。社会生活を営む中で「～すべき」「～しなければならない」と刷り込まれた武装が解除され、子どもの頃のように心身が身軽になるのです。

「～すべき」の武装が解除されると、そこに「ありのままの自分」が現れます。丸裸の自分です。丸裸になると、「本はこう読むべき」という刷り込みがないから、読書スピードは

どんどん上がっていきます。自分が「読めた」と感じるなら、それは「読めた」ということなのです。

本を速く読めないのは、「武装」しているからです。武装解除すれば、遮るものは何もなくなり、本の内容はあなたの中にスッと入ってきます。

人間関係も同様です。人とうまくいかないのは「武装」しているからです。武装解除すれば、相手の気持ちがあなたの中にスッと入ってきて、コミュニケーションもうまくいくでしょう。

らく速読は、ただの速読術ではありません。「ありのままの自分」を発見し、人生の目的を達成するためのツールともなるのです。

社会の中で「武装」して生きているあなた、傷つきながらも必死に生きているあなた、ボロボロになってしまったあなたに、らく速読は寄り添います。

第 2 章

4倍読めて忘れない！「らく速読」のやり方

レッスン0

読書スピードを測る（1分間計測）

それでは、らく速読のレッスンを始めましょう。

まずは準備として、自分の読書スピードを把握することから始めます。読書スピードを計測したことのある人は少ないと思いますが、具体的に自分の「現在地」を知っておくと、「目標」を定めることができます。

目標をクリアするのはうれしいですし、自分の変化を記録しておくと、自信にもつながるでしょう。

読書スピードを測る方法

- タイマーを15秒のカウントダウンに設定する（スマホの時計機能でOK）
- 本書の次のページを開く（そこに例文が掲載されています）

- タイマーをスタートさせ、読み始める（普段どおりの読み方でOK）
- 15秒経ったらタイマーを止める
- 読んだ文字数を数える（文章の下段に文字数が書かれています）

例文

人間の意識には、顕在意識（自意識）と、潜在意識（無意識）の2種類があります。

そして、わたしたちが自覚できている意識は、このうちの顕在意識のほうのみで、これは脳全体のたった5％。

残りの95％が潜在意識で、我々の意識の根底をなしています。少し分かりづらいかもしれませんが、意識については、氷山でイメージすると分かりやすいと思います。

潜在意識には、五感（視覚・聴覚・嗅覚・味覚・触覚）を通じて体感したことや、経験がすべて蓄えられています。これは0歳から今までのすべての経験です。

また、それだけでなく、潜在意識には、情報を習得して処理する力と、習慣化する働きもあります。

そんな潜在意識の基礎は、おおよそ6歳ごろまでに思考パターン、感情パターン、行動パターンが形成されると言われています。

これは、あなたが意識するしないにかかわらず、生まれ育った環境だったり、

36 72 108 144 180 216 252 288 324 360 396 432 468 504

受けてきた教育だったり、周囲の人たちだったりに影響を受けているということ。

みなさんが6歳ごろまでにした経験によって、自分は何を信じるのか、いわゆる「信念」の基礎も形作られているといえるわけです。

潜在意識は、あなたの選択や行動に多大な影響を与えます。言い換えると、生まれ育った環境や周囲の人々によって、あなたの人生がある程度決まってくるのです。

たとえば、過去に貧乏をしたり、だまされたりして、お金に困った経験を持っている人は、お金に対してものすごい嫌悪感を抱いていることがあります。

すると、潜在意識に「お金＝悪」「お金＝汚い」という情報が刷り込まれます。

その結果として、大人になってもお金を遠ざけてしまうのです。

こういう人は、顕在意識でどんなに「お金が欲しい！」「お金大好き！」と思っていても、潜在意識ではお金に近づけないような選択や行動をとり、いつまでたってもお金に恵まれない人生になってしまいます。

実は、以前のわたしは、まさしくこれでした。

540 576 612 648 684 720 756 792 828 864 900 936 972 1008

いかがでしたか？

15秒で読めた文字数を4倍にして、1分間に読める文字数を計算してみてください。制限時間があると、緊張やあせりから、普段どおりのスピードで読めなかったかもしれません。

日本人の平均は、1分間に500～700文字程度だといわれています。文庫本の1ページあたりの文字数は600字程度ですから、1分間に1ページ読めるのが平均的な読書スピードです。

難関大学に合格した人の読書スピードは、1分間あたり1500文字前後といわれています。このことから、読書スピードと学習能力は比例すると考えられています。

あなたがもし、平均よりも読書スピードが遅かったとしても、自分に「×」を付けないようにしましょう。

他者と比較して劣等感を抱くのではなく、現在地がわかったならば、「では、自分はどうなりたいか？」、着地点を見つけるようにしてください。

「平均を超える！」

「1分間に1000文字！」

「2000文字！　難関大学合格者より速くなる」

「私は今より4倍速で読みたい」


といったように、あなたなりの目標を立ててみてください。

そこに明確な根拠は必要ありません。他人の意見も関係ありません。

「ありのままの自分」が、「こうしたい！」と思えることでいいのです。


それでは、次のレッスンに進みましょう！

レッスン1

体をほぐす（キラキラ体操、腹圧調整）

いよいよ、らく速読のメソッドに入ります。

まずは準備段階として、体をほぐしていきましょう。軽いストレッチや散歩でもよいのですが、らく速読では「キラキラ体操」と「腹圧調整」で緊張した体をゆるめていきます。

体を整え、幸せホルモン「セロトニン」を分泌させ、体をリラックス状態にすることで、右脳を使って読めるように心身を整えます。

まずは、「キラキラ体操」を紹介します。

キラキラ体操のやり方

（座位または仰向けで）

①肘と小指の
側面を合わせて、
顔の前に持っていく

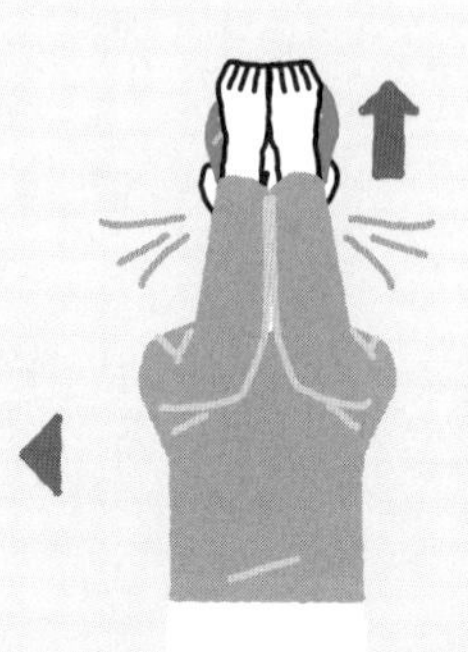

②3秒かけて鼻から
息を吸いながら、
腕を上げていく

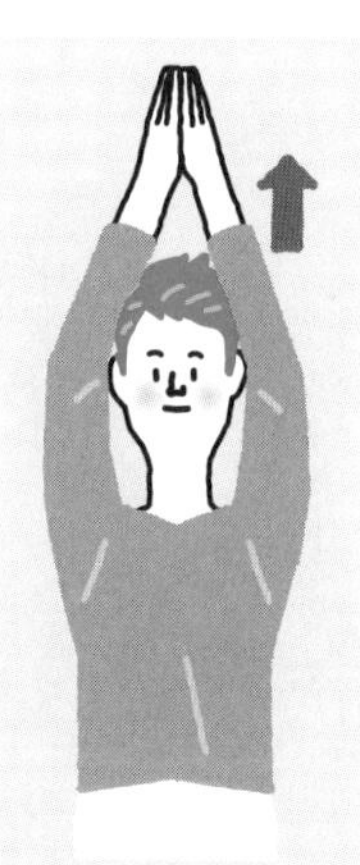

③伸びをするように
頭のてっぺんで
手のひらを合わせる

以上を3セット行います。

④10秒かけて口から息を吐きながら、手のひらと腕全体を、
外・内・外・内（キラ・キラ・キラ・キラ）とひねりながら、
円を描くように下ろしていく（肩甲骨の動きを意識する）

次に「腹圧調整」を紹介します。

腹圧調整は、お腹の7つのポイントを順番に押しながら、ゆっくりと呼吸をするメソッドです。副交感神経の働きを高め、セロトニンを増加させることが期待できます。

本を読む前や合間に行っていただくと、読書のスピードや質が劇的に変わるでしょう。

腹圧調整も合計3セット行うのが理想ですが、1セットだけでも充分に効果が期待できます。

腹圧調整のやり方

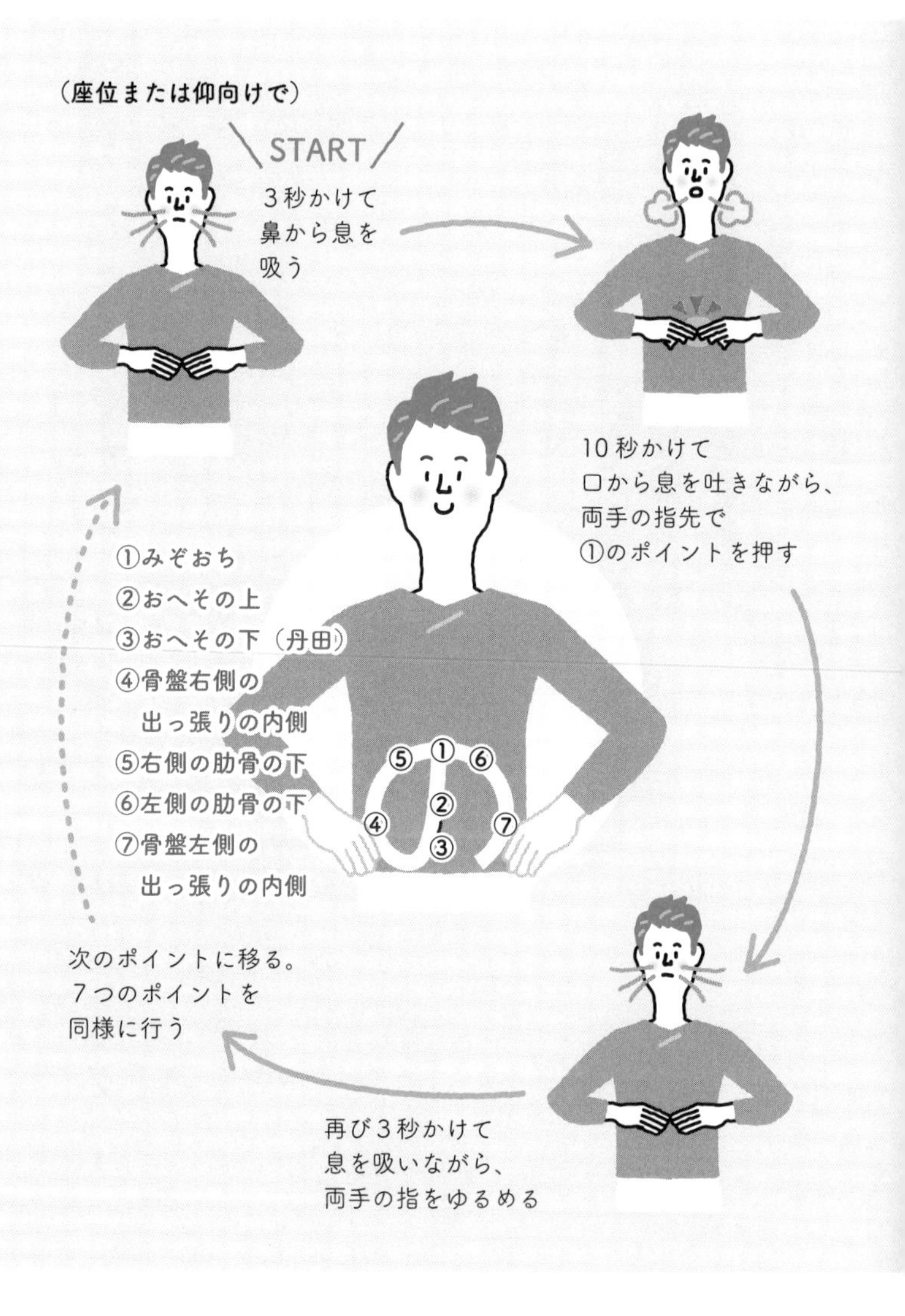
（座位または仰向けで）
START
３秒かけて
鼻から息を
吸う
10秒かけて
口から息を吐きながら、
両手の指先で
①のポイントを押す
①みぞおち
②おへその上
③おへその下（丹田）
④骨盤右側の
出っ張りの内側
⑤右側の肋骨の下
⑥左側の肋骨の下
⑦骨盤左側の
出っ張りの内側
⑤
①
⑥
②
④
⑦
③
次のポイントに移る。
７つのポイントを
同様に行う
再び３秒かけて
息を吸いながら、
両手の指をゆるめる

レッスン 2

心をほぐす（オープンマインド・リーディング）

「体」をほぐしていくと、いつのまにか「心」までリラックスしてきます。この状態をキープしたまま、実際に本を読むレッスンを始めてみましょう。

脳のさまざまな部位（前頭葉、頭頂葉、側頭葉、後頭葉など）に刺激を与えて、思考のノイズや空回りをなくし、右脳の能力を引き出す読み方「オープンマインド・リーディング」です。8つの手法を紹介します。

①本のページ全体を視野に入れて読む

②読書している部屋（風景）全体を意識しながら読む

③聞こえる音に耳を傾けながら読む

④3倍速の英語を聞きながら読む

⑤会話しながら読む

⑥独り言を言いながら読む

⑦衣服や気温、においや味に注意を向けながら読む

⑧上級編・メタ認知で読む

いきなりすべてのメソッドを読書に取り入れる必要はありません。1つずつ試していきながら、最終的にさまざまな手法を同時並行で行うようにします。

オープンマインド・リーディングとレッスン3で紹介する非音声化リーディングが同時にできるようになったら、「らく速読」の達成です。

普段の読書でも、ここで紹介するコツを無意識に実践できるようになれば、読書スピードは今の4倍を超えるでしょう。

難しいことはありません。お伝えするとおりに実践していただければ、「自動的に」らく速読ができるようになるでしょう。

合言葉は、「気楽に」「テキトーに」「がんばらない」です。

オープンマインド・リーディング①

本のページ全体を視野に入れて読む

本の文字に視線を集中させるのではなく、周辺視野に意識を分散させ、ページ全体を視ながら読むようにします。

目を本に近づけすぎず、30〜40センチほど離した位置にすると、ページ全体を感じながら読みやすいです。

ページ全体に意識を向けるのが難しければ、最初のうちは読んでいる行の次の行、そのまた次の行くらいまで「眺める」意識を持つといいでしょう。それに慣れてくると、ページ全体に意識を向けやすくなります。

意識を向けるとは、内容をインプットすることではありません。「なんとなく視えている」くらいで問題ありません。

狙いは、「1点に集中」するのではなく、四方八方に「分散」させること。すると、先に書かれていることまで広く「先読み」でき、直感が100%働き出すようになります。

読書している部屋（風景）全体を意識しながら読む

次に、目の前の本からも離れて、立体的に、空間的に、より広く「分散」させていきます。

読みながら、本の角や本を持っている自分の手を意識してみてください。

さらに、本の向こう側にまで、周辺視野を広げていきましょう。

ぼんやりと見えている、机、壁、窓、照明器具、時計、天井など、視野に捉えられる範囲のものを感じながら読書します。

机の上にはコーヒーカップが見えるかもしれません。時計は何時を指しているでしょうか。窓の外を桜の花びらが舞っていることもあるでしょう。

「本に集中できない」と思うかもしれませんが、それが狙いです。

視界が捉えるさまざまな事象に意識を向けることで、本への過剰な集中を回避していくイメージです。

空間把握を司る頭頂葉を刺激し、左脳優位の読み方を壊していきましょう。

オープンマインド・リーディング③

聞こえる音に耳を傾けながら読む

目の前の本に集中するのをやめて、その場に聞こえてくる音に耳を傾けながら読書してみましょう。

静かな環境でも、耳を澄ませばさまざまな音が聞こえてくるはずです。

部屋の中の空調や、冷蔵庫の稼働音が聞こえませんか？

外からは、鳥のさえずり、子どもたちの笑い声などが聞こえてきませんか？

よく耳を澄ませば、それまでは気づきもしなかった遠くを走る電車や自動車の走行音が、かすかに聞こえてくることもあるでしょう。

「視覚」だけでなく「聴覚」も動員して意識を分散していけば、ますますリラックス状態になり、左脳のおしゃべりがやんで、右脳が機能し始めるのです。

聴覚に意識を分散させるために、ラジオやテレビ、動画などの音声を流しながら読書するのも有効だといえます。

フォー
サワ
サワ
カタン
カタン…
ワー
ワー
サワ
サワ
ブーン
チュン
チュン

オープンマインド・リーディング④

3倍速の英語を聞きながら読む

前述したように、高速の英語を聞きながら読むと、脳の速度順応によって読書スピードが速くなります。

英語は周波数が、750～1万2000ヘルツに及びます。日本語は125～1500ヘルツです。

周波数が違うと、音が聞き取りづらくなります。「3倍速で聞き取りづらい」「周波数の違いによって聞き取りづらい」英語が耳から入ってくると、脳はどうにかして言葉の意味を理解しようとします。

これが効果的な刺激になり、読書スピードにも好影響を与えるのです。おそらく速読で使用している3倍速の英語の音源を巻末にQRコードで用意したので、ぜひ英語を流しながら読書してみてください。

They went out to
fly a kite. "Our kite
will fly up and up."
"I will hold the ball
of string.You hold
the Kite and run."

オープンマインド・リーディング⑤

会話しながら読む

家族や知人など、一緒にらく速読をできる人がいる場合は、本を読みながら積極的に会話をしましょう。「最近、どんな映画を観た？」「好きな食べ物は？」のような雑談で構いません。

話しながら読書するという、脳を前代未聞の環境に置くことで、左脳だけでは状況に対処できなくなり、右脳のパワーを引き出しやすくします。

慣れてきたら、「将来の夢は？」「人生の目的は？」といったディープな会話をしてみることをオススメします。左脳のブレーキが解除されて右脳が使われている状態なので、会話の中で、思ってもみなかった「自分の本音」がわかることも少なくありません。

ぜひあなたも、らく速読のパートナーを見つけて、オープンマインド・リーディングを楽しんでみてください。

最近、
どんな映画を
観た？
好きな
食べ物は？

オープンマインド・リーディング❻

独り言を言いながら読む

「会話しながら読む」ことは、自分一人でもできます。「質問」と「答え」を自分だけで行えばいいのです。つまり、自問自答です。

「最近、調子どうよ」「絶好調だよ」「何があった?」「読書スピードがめちゃくちゃ上がってきてさ」「速読できるようになったんだ」「らく速読のおかげだね」「ところで、なんのために読書してるの?」

こんな調子で、自問自答を続けます。もちろん、読書をしながらです。

2人以上での会話に比べて難易度は高いですが、慣れてくると自問自答の中で、新しい自分を発見できることがあります。右脳が活性化している証拠です。

独り言は自分の思考を整理する効果があり、声に出すことで不安が和らぎ、気持ちがらくになるとする報告があります。

話しながら読書をすることで、右脳を使うコツをつかんでいきましょう。

どこか
行きたい
場所はある？
本を
ゆっくり読める
カフェがいいな
どんな
カフェが
いいかな？
ジャズが流れていて
カップがおしゃれだったり
内装がレトロな
お店がいいな

オープンマインド・リーディング⑦

衣服や気温、においや味に注意を向けながら読む

脳には、「視る（視覚）」「聴く（聴覚）」「話す（言語）」以外にも、におい（嗅覚）、皮膚感覚（触覚）、味（味覚）などを司る、さまざまな部位があります。

五感をフル稼働して読書をすると、口やかましい左脳は後ろに下がり、脳はますます右脳に頼ります。

本を読みながら、衣服の肌ざわりを感じてみてください。心地よい感触がしますか。ゆったりとリラックスできていますか。ページをめくるたびに、衣ずれの音がするかもしれませんね。

部屋の温度はどうですか。少し寒いですか、暑いですか。

においはどうでしょうか。アロマを焚（た）いて、いい香りが漂っているでしょうか。

何か飲んでいますか、食べていますか。芳醇なコーヒーの味を楽しんでいるでしょうか。

五感を研ぎ澄ませて、あらゆる感覚に敏感になりましょう。

嗅覚
触覚
味覚

オープンマインド・リーディング⑧

上級編・メタ認知で読む

①〜⑦を実践しているとき、私は「メタ認知」で本を読んでいる感覚がありま す。メタ認知とは、ざっくりいうと、「認知している自分を俯瞰（ふかん）的に見る」ということです。本に意識を集中させるのではなく、自分の意識が自分の外部にあると捉え、その場所で、本の内容と自分の感覚や知識を照合させるイメージです。

オープンマインド・リーディングでは、さまざまな感覚に意識を向けるため、おのずと自分自身や世界を見る目が俯瞰的になってくるのです。

「もう一人の自分が、読書をしている自分を見ている」ともいえます。

これは右脳的な感覚なので、言語で理解するのではなく、実践によって感覚をつかむしかありません。反対にいうと、この感覚がつかめたとき、あなたは右脳を活用した読書ができているということです。

最初のうちはこの感覚がわからなくても、継続しているうちに必ず自分のものになります。難しく考えず、気楽に取り組みましょう。

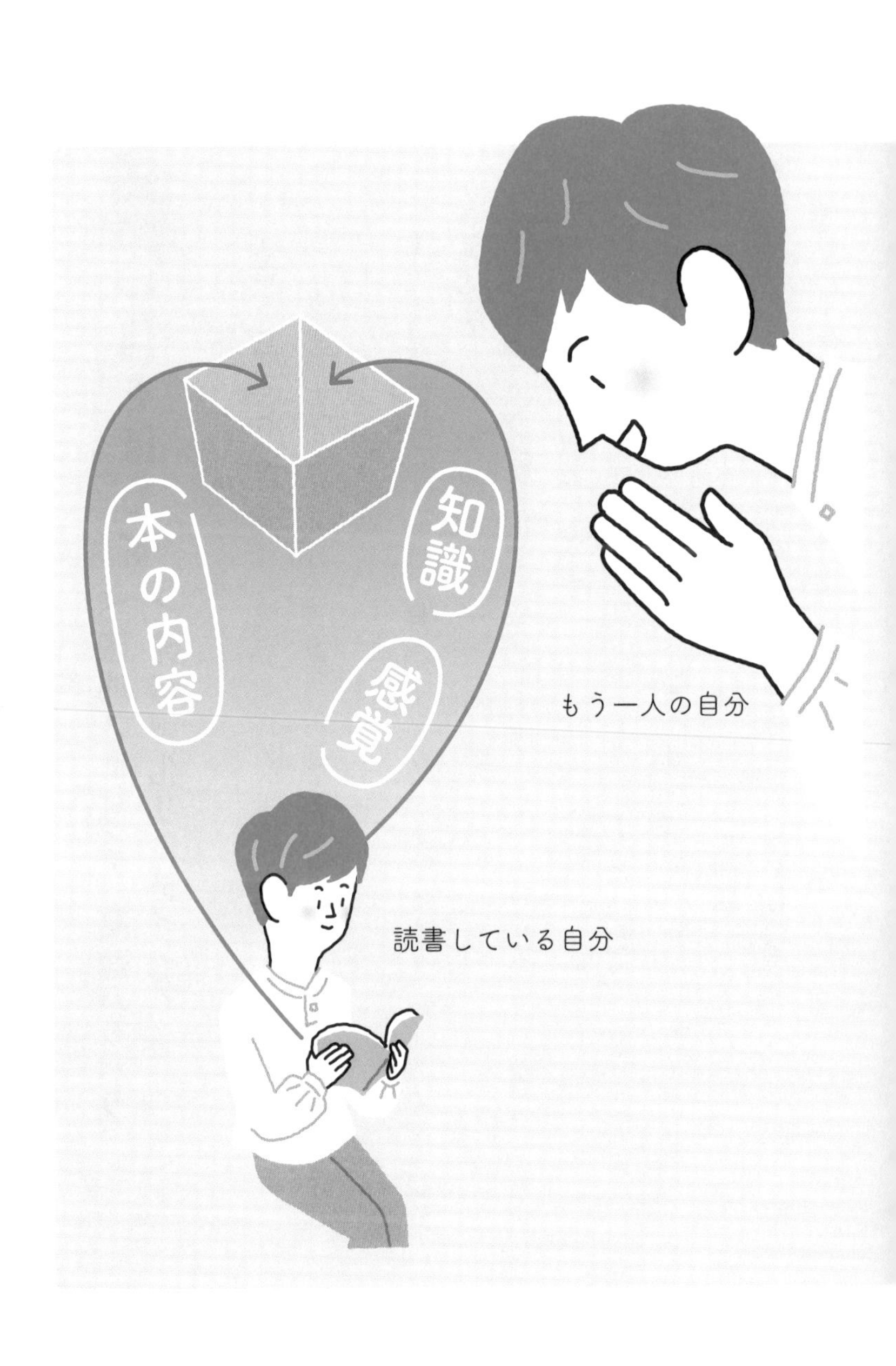
本の内容
知識
感覚
もう一人の自分
読書している自分

レッスン3

目をほぐす（眼筋ストレッチ、高速パラパラ、非音声化リーディング）

次に、「目（眼筋）をほぐす」レッスンに入ります。

内直筋と外直筋をほぐせば、目の左右の動きが素早くなり、横組みの本を読むスピードがアップします。

上直筋と下直筋をほぐせば、目の上下の動きが素早くなり、縦組みの本を読むスピードがアップするでしょう。

さらに、ピント調整を担う毛様体筋をほぐすと、視野が広がり、数行ごとをまとめて読むことを可能にします。

眼筋ストレッチを行う際は、目にダメージを与えないように「無理をしない」「やりすぎない」「まばたきを忘れない」ようにしてください。メガネやコンタクトレンズをしている人は、そのまま行ってもらって問題ありません。

また、ストレッチ中は口角を上げてニコニコ笑顔で行いましょう。ゆっくり深呼吸することも忘れずに。

気合いを入れてがんばるのではなく、リラックスして行ったほうが効果が期待できます。

さらに「高速パラパラ」を行って、**脳の速度順応を引き出し、動体視力を伸ばしていきましょう。**

最後の仕上げは、いよいよ「非音声化リーディング」です。すでに体と心と目がほぐれているため、「視読」できる心身に整っています。

非音声化リーディングのスタートとして、まずは「指差し読み」を紹介します。指差し読みで感覚をつかめたら、2、3行まとめて「視読」したり、上級者になれば1ページ全体を「視る」だけで本が読めるようになります。

文章の意味が理解できなくても、「どんどん先に進む」のが上達のポイントです。

それでは、眼筋ストレッチから始めましょう。

眼筋ストレッチ①

左右(内直筋・外直筋)をほぐす

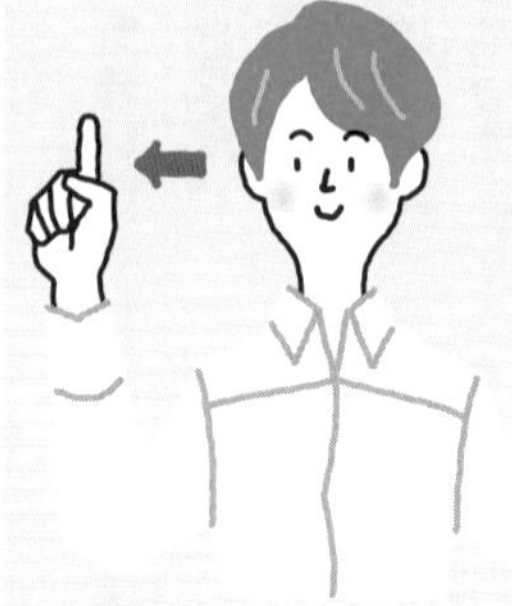

①両手を肩幅強まで上げて、
人差し指を立てる
②顔は正面を向いたまま、
目を右へ動かして
人差し指を見る
そのまま10秒キープ

③左も同様に行う

※①〜③を3回
繰り返す

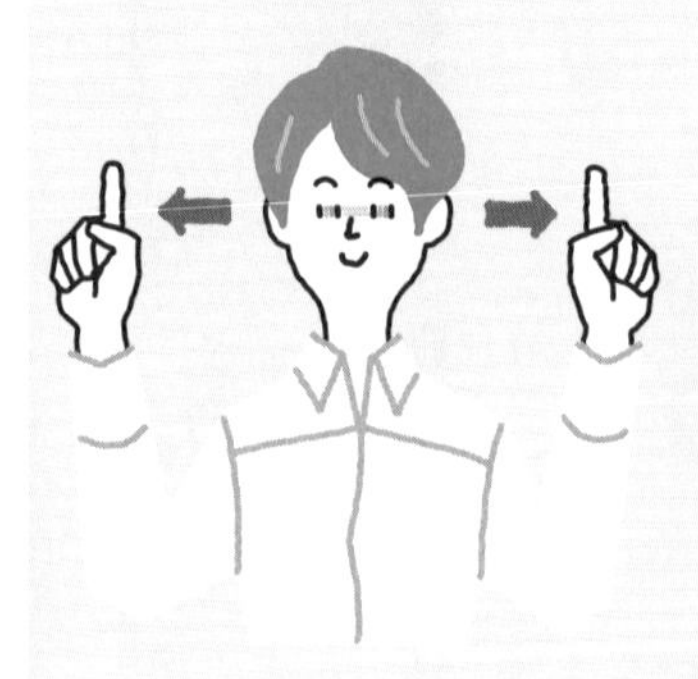

④できる限りの速さで、
6秒間に、
左右の人差し指を
何回見られるか数える
(左右1往復で1回)

眼筋ストレッチ②

上下（上直筋・下直筋）をほぐす

①右手人差し指を
おでこの斜め上、
左手人差し指を
みぞおちあたりに
セットする

②顔は正面を向いたまま、
目を上へ動かして
人差し指を見る
そのまま10秒キープ

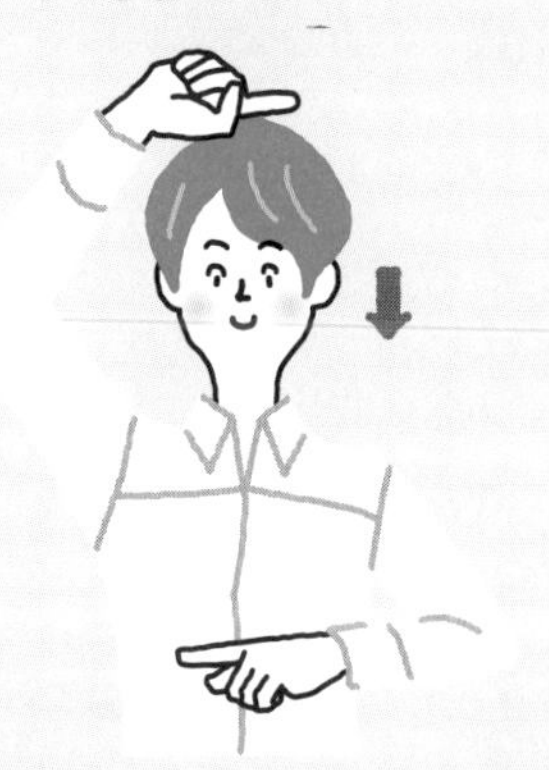

③下も同様に行う

※①〜③を3回
繰り返す

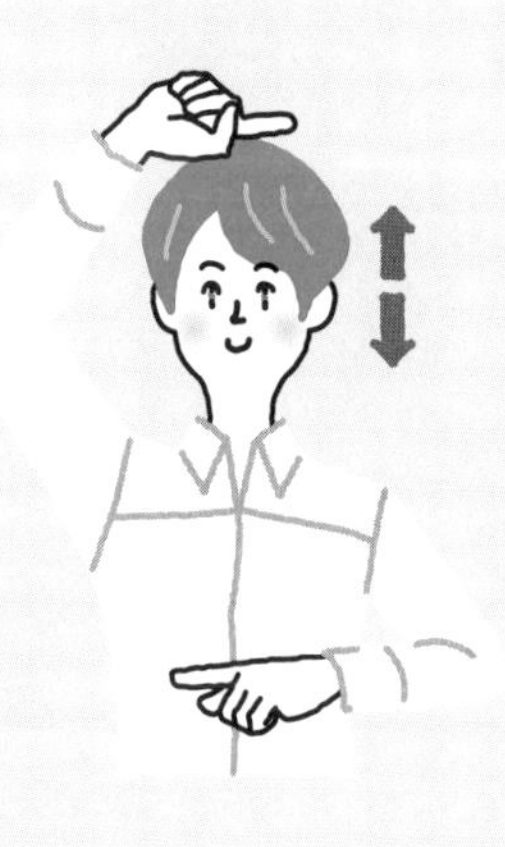

④できる限りの速さで、
6秒間に、
上下の人差し指を
何回見られるか数える
（上下1往復で1回）

眼筋ストレッチ③

遠近（毛様体筋）をほぐす

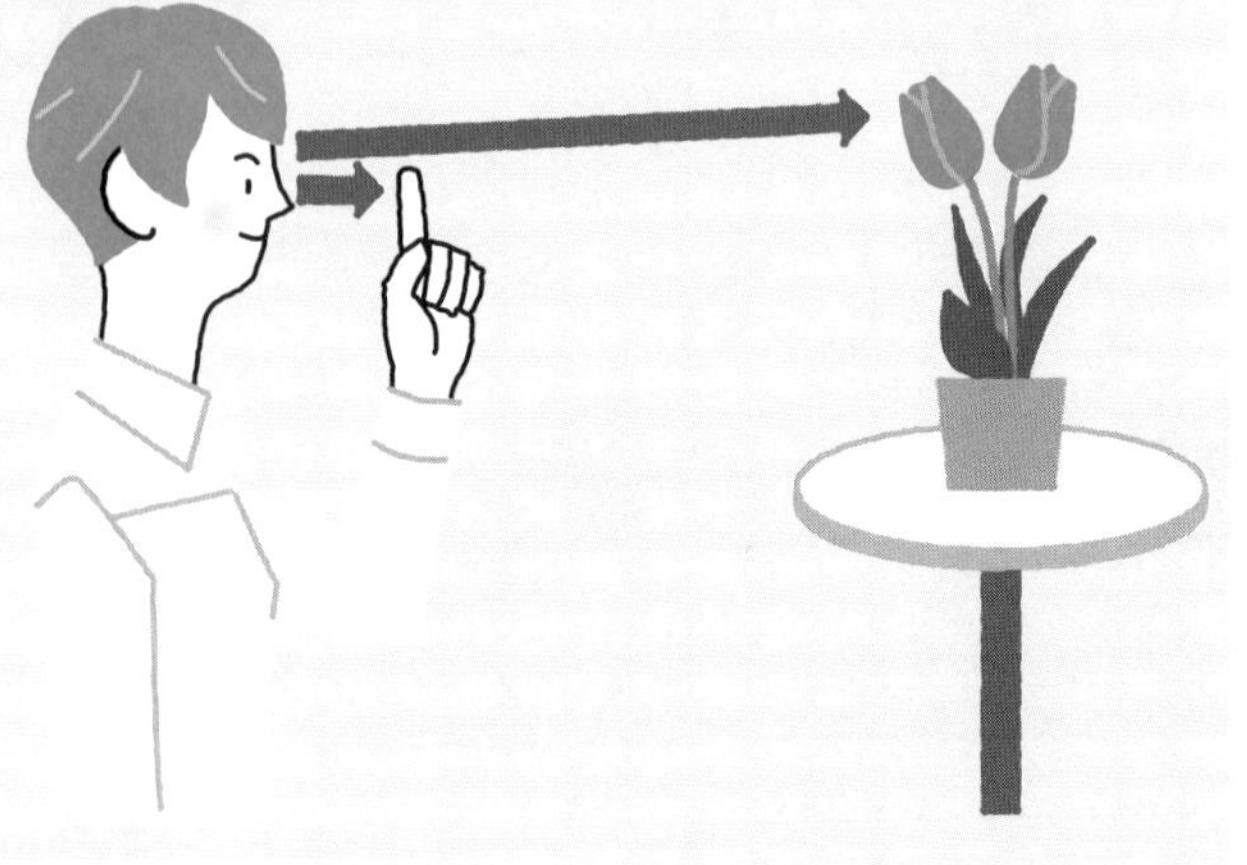

①片手の人差し指を、鼻先15センチほど前に立てる
②2～3メートルほど離れた、遠くの目標物を設定する
③顔は正面を向いたまま、人差し指に焦点を合わせる
　そのまま10秒キープ
④遠くの目標物に焦点を合わせて、同様に行う
※①～④を3回繰り返す
⑤できる限りの速さで、6秒間に、
　人差し指と目標物を何回見られるか数える
　（人差し指と目標物の1往復で1回）

目を素早く動かす際は、肩の力を抜いて、とにかくリラックスして行いましょう！

厳密に何回か数えるのではなく、普段の生活では体験できない眼球の動きを楽しむつもりで。繰り返すうちに必ず回数が増えていきます。

上下（左右）のほうが速く動く人は、縦組み（横組み）の本のほうが読むのが得意だということです。自分にどちらの特性があるのか知ることができるのも、おもしろいですね。上下左右、得意不得意にかかわらず、まんべんなくほぐすようにしましょう。

毛様体筋をほぐすと、ピント調整機能が改善し、目のリフレッシュ効果があるので、日常的にも行ってみてください。遠近をほぐす際は、目標物に変化をつけて、対象までの距離を変えてみるのもオススメです。

高速パラパラのやり方

①1回以上読んだことのある本を用意する
②ページを素早くパラパラめくって「眺める」
③10回以上続ける

高速パラパラは、読んだことのある本、内容をある程度覚えている本を使って行いましょう。

高速でページをめくっているのを、ただ「眺める」だけで構いません。最初のうちは何が書かれているかわかりませんが、続けているうちに動体視力が鍛えられ、だんだんとスピードに追いついていきます。

すると、高速でめくっているだけで、少しずつ内容がわかるようになってきます。脳の速度順応が発揮されるからです。

高速パラパラは、動体視力が鍛えられると同時に、音読とは異なる読み方（右脳を使った読み方）を脳に刷り込み、定着させていくのに役立つメソッドです。

非音声化リーディング（指差し読み）のやり方

最後の仕上げに、「非音声化リーディング」を覚えましょう。

「非音声化リーディング」とは、その名のとおり、音読せずに視読し、かつ、本の内容をインプットしていく読み方です。

「体」「心」「目」の三位（さんみ）がリラックス状態にあれば、誰もが「非音声化リーディング」ができるようになり、読書スピードを劇的に速めることができます。

文章を音読しない感覚をつかんでいただくためのよい方法が、次に紹介する「指差し読み」です。

①文字の横に人差し指を置き、
文章をなぞっていく
（普段の読書スピードよりも
速いペースで）

②自分の指先を追いかける
かたちで、文字を視る
（意味を理解しようと
しなくていい
指のスピードについて
いくことだけを意識する）
③同じ文章を、同じ速さで、
３回繰り返す
④スピードを８割程度まで
落として、もう一度読む

指差し読みでは、行間に人差し指を置いて、自分の普段の読書スピードより格段に速いペースで文章の横をなぞっていきます。

その際、文字を「読まず」に、文字を「視る」ようにしながら、指先を目線で追いかけてください。

まずは、**指の速さについていくことだけを意識すれば大丈夫**です。

同じ速さで3回繰り返したら、4回目はスピードを8割程度まで落とし、同じように文字を「視る」ようにしましょう。

すると不思議なことに、それまでは読み取れなかったキーワードが脳に飛び込んでくることに気づきます。そして、意外とそのスピードで文章を理解できるようになっているのです。

これは、お伝えした「脳の速度順応」によるものです。

最初の高速スピードに脳が慣れたため、8割程度にスピードを落とすと、**いつの間にか文章の内容が理解できるようになる**のです。

8割程度にスピードを落としたとしても、普段の読書スピードより格段に速くなります。

次ページに、この章の冒頭で掲載したのと同じ例文を掲載します。
指差し読みを試してみましょう。
そして最後の4回目に、あらためて読書スピードを計測してみてください。

例文

人間の意識には、顕在意識（自意識）と、潜在意識（無意識）の2種類があります。

そして、わたしたちが自覚できている意識は、このうちの顕在意識のほうのみで、これは脳全体のたった5％。

残りの95％が潜在意識で、我々の意識の根底をなしています。少し分かりづらいかもしれませんが、意識については、氷山でイメージすると分かりやすいと思います。

潜在意識には、五感（視覚・聴覚・嗅覚・味覚・触覚）を通じて体感したことや、経験がすべて蓄えられています。これは0歳から今までのすべての経験です。

また、それだけでなく、潜在意識には、情報を習得して処理する力と、習慣化する働きもあります。

そんな潜在意識の基礎は、おおよそ6歳ごろまでに思考パターン、感情パターン、行動パターンが形成されると言われています。

これは、あなたが意識するしないにかかわらず、生まれ育った環境だったり、

36 72 108 144 180 216 252 288 324 360 396 432 468 504

受けてきた教育だったり、周囲の人たちだったりに影響を受けているということ。

みなさんが6歳ごろまでにした経験によって、自分は何を信じるのか、いわゆる「信念」の基礎も形作られているといえるわけです。

潜在意識は、あなたの選択や行動に多大な影響を与えます。言い換えると、生まれ育った環境や周囲の人々によって、あなたの人生がある程度決まってくるのです。

たとえば、過去に貧乏をしたり、だまされたりして、お金に困った経験を持っている人は、お金に対してものすごい嫌悪感を抱いていることがあります。

すると、潜在意識に「お金＝悪」「お金＝汚い」という情報が刷り込まれます。その結果として、大人になってもお金を遠ざけてしまうのです。

こういう人は、顕在意識でどんなに「お金が欲しい！」「お金大好き！」と思っていても、潜在意識ではお金に近づけないような選択や行動をとり、いつまでたってもお金に恵まれない人生になってしまいます。

実は、以前のわたしは、まさしくこれでした。

540 576 612 648 684 720 756 792 828 864 900 936 972 1008

いかがでしたか？
最初に計測したときよりも、速く読めるようになった人が多いと思います。
もちろんこれは、同じ文章を読んでいるので、「慣れ」によって速くなってい
る可能性もあります。
けれど、体感としてこのスピード感を覚えていると、はじめて出合った文章に
も、しだいに同じスピードで対応できるようになっていきます。指差しも必要な
くなります。
さらに、上級者になるにつれて、1行ずつ読むのではなく、2行ずつ、3行ず
つ、ページの3分の1、ページの2分の1、1ページ全部と、文章を「視る幅」
を広げていくことができます。
視る幅を広げれば広げるほど、読書スピードは速くなります。
たとえば、1ページ14行の本ならば、1行ずつ視る場合、目を14回上下に動か
さなければなりません。
しかし、ページの2分の1（7行）ずつを視ることができれば、目を2回上下
に動かせばいいのです。これができれば、読書スピードは単純に7倍速になりま

す。

もちろん、初心者がすぐ実践するのは難しいので、1行ずつのスタイルから、2行ずつ、3行ずつと広げていくようにしましょう。

「視るスピード」を速くし、「視る幅」を広げていけば、誰もがあっというまに4倍速程度で読めるようになるのです。

非音声化リーディングのポイントは、意味が理解できなくてもどんどん前に進むことです。

前述したように、「読書の目的」が定まっていれば、脳は必要な情報を優先的にピックアップしてくれます。意味がわからない箇所は、「あなたにとって必要ない情報」だと捉えれば、どんどん先に進めるのです。

それでも気になる箇所があれば、付箋（ふせん）を貼ったり、ドッグイヤー（本の角を折る）をしたり、ペンでチェックしたりしておき、もう一度読み直せばいいでしょう。

らく速読で4倍速のスピードで読めるようになることは、同じ時間を使ったとしたら4回も読めることを意味します。だから、もう一度読み直すことは、まったく時間の無駄にはならないといえるでしょう。

実際私も、そのように本と付き合っています。

「直感」と「イメージ力」で読書スピードはぐんぐん伸びる！

「スピードは上がっているけれど、すべては理解できない」

らく速読を始めたばかりの方からよく聞くコメントです。繰り返しますが、本のすべてを理解する必要など少しもないのです。


すべてを理解しなければならないという思考を手放しましょう。


「別に理解できなくてもいいや」

「完璧じゃなくてもいいや」

「これでいいや」

こんなふうに感じたときが、ブレイクスルーポイント。さまざまな思考ノイズが鎮まり、右脳のアクセルが踏み込まれます。

すると、右脳は「イメージ力」を発揮します。

高速で目に飛び込んできた文字情報を、音声化しなくても、ダイレクトに映像化したりして感覚的にわからせてくれるのです。

また、**右脳による「直感」や「先読み力」のおかげで、文字を視るスピードが高速でも、視る幅が広くても、おおかたの文意をキャッチすることができるのです。**

ぜひあなたも、この感覚を味わっていただければと思います。

左脳思考を手放して、柔軟に実践しよう！

この章で紹介したさまざまなメソッドは、らく速読を自分のスキルにするために役立つものです。

読書のたびに、これらのメソッドを丁寧に踏襲する必要はもちろんありません。

性格がまじめな方ほど「メソッドどおりにしなければならない」と考えてしまい

がちです。「～しなければならない」という左脳思考にとらわれていると、いつまで経っても右脳は覚醒しないでしょう。

だいたいのところがわかったら、いつもの読書の中では、思い出したメソッドを気軽に取り入れていただければと思います。

読書の合間に「キラキラ体操」や「眼筋ストレッチ」をするのを習慣にしてもいいですし、「今日は周辺視野を意識しよう」「今日は理解が追いつかなくてもいいからスピードを伸ばそう」「今日は速聴を聞きながら読んでみようかな」といった具合に、柔軟に読書習慣に取り入れていただければと思います。

それを続けるだけで、いつのまにかあなたは4倍速のスピードで読めるようになっています。

読書の常識、本との付き合い方が一変し、それだけでなく「ありのままの自分」に出会えているはずです。

そこからリスタートする人生は間違いなく、輝きに満ちあふれていることでしょう。

第 3 章

「らく速読」には宝物が眠っている

「らく速読」なら読書の恩恵を4倍速で得られる

かのウォルト・ディズニーはこんな内容の言葉を残しています。

「本には、宝島の海賊が盗んだ財宝よりも多くの宝物が眠っている」

ディズニーほか、世に名を残した成功者たちの多くに読書習慣があることが知られています。

ビル・ゲイツは1週間に1冊、子どもの頃のイーロン・マスクは1日10時間、ウォーレン・バフェットは1日に3～5冊、孫正義は1年で850冊の読書をしているそうです。

アメリカの情報サイト「Business management degree」によると、富裕層の88%が1日30分以上読書しているのに対し、年収300万円前後の人は2%しか読書していないという調査報告があります。

日本でも、日本経済新聞社産業地域研究所の調査によると、年収800万円以上の人の月額の書籍購入費は2910円。年収400万円～800万円未満の人は2557円、年収400万円未満の人は1914円という数字が出ています。

つまり、**年収が高い人ほど、本を購入して読んでいる**というわけです。

何をもって「成功」とするかは人それぞれですが、お金持ちの多くは、本から知識を吸収して、ビジネスや投資に活かしていることは間違いないといえます。

にもかかわらず、「日本人の47・3%は月に1冊も本を読まない」という調査結果もあり（文化庁「国語に関する世論調査」2018年度）、ひと月の読書量を7冊以上と答えたのはたった3・2%です。

つまり、**月に7冊読めば、日本の上位3%の読書家になれる**わけです。

それは必然的に、成功者（お金持ち）への道がぐんと近づくことを意味します。

月に7冊読む。

音読をして1冊を読むのに何日もかかる人は、ハードルが高いでしょう。けれど、らく速読ではどうでしょうか。読書スピードが4倍速になるらく速読なら、1カ月に2冊読んでいた人なら、同じ読書時間でも8冊読めることになります。それだけで、日本の上位3%に仲間入りです。

もちろん、お金持ちや成功者に興味がない人もいるでしょう。しかし、なんの波風も立たない人生はありません。誰でもピンチに遭遇したり、判断に迷う選択をしなければならない瞬間は必ずあります。そんなとき、本をすばやく大量に読むことができれば、本の中から問題解決の糸口を見つけることができます。らく速読なら、それを4倍速でできるのです。

そう考えてみると、あなたは人生において強力な「武器」を手に入れたといえるでしょう。

脳の汎化作用によって、速読スキル以外の能力も伸ばす

らく速読は、ただの速読法ではありません。速読スキル以外のさまざまな能力のアップが期待できます。

そもそもらく速読は、能力開発の方法論を探っていたナナちゃん（楽読創始者の平井ナナエ）が、脳の汎化作用に注目して考案したメソッドです。

ナナちゃんは、高速で「視る」訓練をすることで、「視る」以外の能力も伸ばせることに気づきました。

読書をするには、「視る」以外にも、「思考力」「理解力」「記憶力」「感性」など、現代社会を生きるのに欠かせない能力が必要です。これらの能力を伸ばすのは一筋縄ではいきませんが、「視る」ことは誰でも簡単にできます。

つまり、**「視る」能力さえ伸ばせば、脳の汎化作用によって、「思考力」「理解力」「記憶力」「感性」なども連動して能力アップする**わけです。

この章では、らく速読によって、どんな能力アップや恩恵を得られるのかを紹介していきましょう。

「脳の使い方」がシンプルになると、直感力が冴えわたる

らく速読によって、思考のノイズや空回りがなくなり、「脳の使い方」がシンプルで効率的になると「直感」の精度が上がります。

論理的な証拠や科学的なエビデンスがなくとも、「これは正しい気がする」「これは間違いの気がする」というように、直感でビビッとわかってしまうのです。

直感が冴えわたるのは、その場の雰囲気や、相手の顔色や声色、言葉のチョイスなどに対して、意識を向けて感じる能力が高いからです。らく速読（オープンマインド・リーディング）は、五感を研ぎ澄ますレッスンでもあります。

したがって、**らく速読をマスターして「脳の使い方」をシンプルに変えれば、五感の感度が上昇し、直感力が伸びていきます。**

直感力は、人生のさまざまな局面であなたを助けてくれます。

たとえば、仕事の人間関係において、「この人と一緒に働くべきだろうか」と考えたとき、信頼できるのは直感しかありません。その人の業績やスペックなどのデータを集めたとしても、その人の働き方や考え方に同意したとしても、情報だけで判断すると人間関係がうまくいかないことは多々あります。恋愛や友人関係にも同じことがいえるでしょう。

そんなときに頼りになるのが、直感です。直感力が優れている人は、「この人とは関わらないほうがいい気がする」という心の声に従っておけばいいだけです。それだけで、たいていのことに判断を誤りません。

直感が冴えてくると、生きるのが本当に「らくに」「カンタンに」なるのです。

らく速読は「科学的エビデンス」に基づいた手法ですが、みなさんは本書を直感で「これはいいかも！」と手に取ってくださったのだと思います。らく速読をマスターする「センス」が大アリです。

らく速読を継続して、ますます直感力を伸ばしていきましょう。

日常生活でイライラしなくなる

らく速読で「脳の使い方」が変わると、日常生活でも役立つことが多いです。

日常でも「自分の心の声がスーッと聴こえてくる」「自分の精神状態を俯瞰して観察できる」ようになります。「内観力」や「メタ認知能力」と呼ばれる能力で、これが身につくと、「怒り」の感情を制御できるようになります。

たとえば、目の前で子どもが牛乳をこぼしたとしましょう。内観力やメタ認知能力のない人は、感情のままに「何してるの！」と子どもを怒鳴りつけます。

一方で、内観力やメタ認知能力がある人は、俯瞰で自分を眺めて「今、自分はイライラした」「怒鳴ったところで解決にならない」「フキンで拭こう」と一瞬で考え、子どもと一緒に牛乳を拭き、「こぼさないようにするにはどうしたらいいかな?」と建設的な話ができるようになるのです。

自分や他者を俯瞰で眺められるようになると、何かトラブルが起きたときも、状況を曇りのない目で見ることができます。

瞬間の湧き上がる感情に振り回されることなく、全体像から事象を捉えられるので、他者の言動が持つ意味を正確に把握することができるのです。

その結果、怒りやイライラに振り回される機会はぐんと減ります。イライラしなくなると、相手を大切にできるだけでなく、自分自身も大切にできます。

感情に振り回される行為は、自分という存在が感情の奴隷になっているということです。

それでは、生きるのが苦しくなり、自己肯定感も下がってしまいます。

らく速読は、ネガティブな感情に振り回されないためのレッスンとしても有効だといえます。

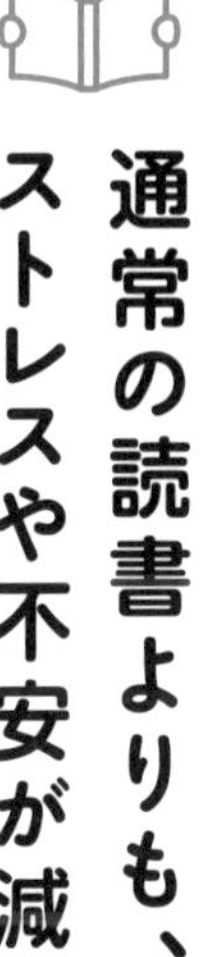

通常の読書よりも、ストレスや不安が減る

最新の脳科学では、「不安」は脳の扁桃体（へんとうたい）という部位が興奮すると起きるといわれています。つまり、「扁桃体の興奮」が鎮まれば、不安も薄れていくということです。

その方法として有効なのが読書です。脳に言語情報が入ると、扁桃体の興奮が抑えられるとする研究があります。

また、「はじめに」でもお伝えしましたが、イギリスのサセックス大学の研究では、6分間の読書には68％のストレス解消効果があると報告されています。音楽鑑賞は61％、散歩は42％、テレビゲームは21％だそうです。他と比較すると、いかに読書が心の健康に役立つかがわかります。

そして、みなさんは「ビブリオセラピー（読書療法）」をご存じでしょうか？

ビブリオセラピーとは、読書によって心理的な支援をする心理療法の1つです。

2013年6月、うつ病やパニック障害などの精神疾患の患者に対して、医師が

「薬」ではなく「本」を処方する医療システムがイギリスで始まりました。

医師が患者の症状に合わせて本を処方すると、患者は図書館に行って処方された本を借りるそうです。ビブリオセラピーはイギリス政府公認となり、その後、各国に広がっています。

治療の効果は複数の研究で明らかになっており、中には「精神科医のセラピーと同程度」とする調査報告もあります。読書はストレスや不安を軽減するだけでなく、心の病にも有効だと考えられるのです。

らく速読なら、読書を習慣づけて、楽しくたくさんの本を読むことができます。まさにビブリオセラピー向きの読書法といえるでしょう。

私の実感としては、「らく速読」を始めてから、不安やストレスを感じることはほとんどなくなりました。**通常の読書よりも「らく速読」のほうが、ストレス軽減効果が高い**と感じています。

その理由は、社会の常識に縛られることがなくなり、「ありのままの自分」で生きられるようになったからでしょう。付き合う人や人間関係も変わっていき、今はこれ以上なく幸せに包まれています。

すべては、右脳の力を呼び起こす「らく速読」のおかげなのです。

スクールの受講生の中には、心の病を抱えている方もいらっしゃいます。

現代社会の常識や刷り込みによって、恐怖心が増大し、「ありのままの自分」を押し殺して生きてきた人たちです。

彼ら彼女らがスクールに通い始めると、見違えるように笑顔が増えてきます。インストラクターや仲間に囲まれながらの読書を通して、右脳から「ありのままの自分」が顔を出すと、お化けのような恐怖心が薄れていくのです。

私はスクールを「安全保護区域」と呼んでいます。サバンナ（社会）で傷ついた動物たちはそのままだと死んでしまいますが、いったん安全保護区域に避難して、心の健康を取り戻せば（自分を見つめ直せば）、元気にサバンナへ戻っていけるのです。

繰り返しますが、らく速読は単なる速読術ではありません。傷ついた人たちに寄り添い、人生を輝かせるお手伝いをすることが「本当の目的」なのです。

ただ、事情によってスクールに通えない人もいるでしょう。

安心してください。らく速読の方法自体に、不安やストレスを軽減する力があります。

コミュニケーション能力が上がる

「らく速読」でコミュニケーション能力が上がる。にわかには信じられないかもしれません。「本の虫」といえば、自分の世界に閉じこもって、対人関係が苦手なイメージもあるからです。

しかし、**「らく速読」をすると、驚くほどコミュニケーション能力が向上します。**

その理由は、「先読み」する力が身につくからです。

コミュニケーション上手な人は「話を聞く」能力が高いといえます。話し手は常に理路整然と話してくれるわけではありません。聞き手が、膨大なノイズの中から広い視野で文脈をつかんで、次に来る内容を「先読み」することで、会話は円滑に回っていくわけです。

脳科学の視点からコミュニケーションについて研究しているプリンストン大学

の研究チームも、「予測はコミュニケーションを成功させるための重要な要素である」と発表しています。

では、「先読み」する能力はどうすれば鍛えられるのでしょうか。

その答えが「らく速読」です。

教科書的な音読をしていても、「先読み」する能力は伸びません。目に入ってきた言語の意味を、そのつど理解しているだけだからです。

一方で、らく速読の場合は、目で見た大量の文字を、ある程度直感を働かせながら読んでいきます。この直感こそ「先読み」する力です。

らく速読は意識と視野を広くして、「この本の著者はこういうスタンスだな」「それならば、ここではこういう話をするだろう」と先読みして読むから、音読に比べて4倍速の読書スピードで読めるのです。

らく速読で先読み力を鍛えていけば、コミュニケーションにおいても、相手の気持ちや置かれた状況、次に話すことを予測でき、柔軟な受け答えができるようになってきます。

それだけでなく、人生そのものを「先読み」する力さえついてくるのです。

レジリエンスが強化される

らく速読を続けていると、しだいにレジリエンス（心の回復力・再起力）が高まっていき、現実世界の困難に負けない、しなやかな心を手にすることができます。

レジリエンス研究の第一人者であるペンシルベニア大学ポジティブ心理学センターのカレン・ライビッチ博士は、レジリエンスを作る6つの要素として、①自己認識（自分自身の感情や思考を正しく認識）、②自制心、③精神的敏速性（物事を多方面から捉え、感情的にならず冷静に判断）、④楽観性、⑤自己効力感（「やればできる」という確信）、⑥つながり

を挙げています。

レッスンを通じて、自分の潜在意識に気づきやすく、実践を重ねていくにつれて楽しく読書スピードが上がり、本の著者だけでなく、まわりの人とのつながりをも強く感じられるようになる「らく速読」には、**レジリエンスを高めるすべての要素が含まれている**と感じています。

確かに楽読のインストラクターの方々と接していると、ちょっとやそっとのことではへこたれない、心の柔軟性に富んだ方が多いように思えます。落ち込んでいる姿を見たことがありません。

もちろん人間ですから、落ち込むこともあるでしょう。けれど、ネガティブな感情を引きずらず、毎日を自分らしく飄々（ひょうひょう）と過ごしているように見えます。

らく速読を続けてレジリエンスを高めていけば、サバンナ（社会）に飛び出していっても、気持ちよく豊かに過ごすことができるのです。

頭がよくなる・運動能力が上がる・芸術的感性が磨かれる

読書全般の恩恵については、これまでに多くの専門家が解き明かしてきました。

「知能指数が高くなる」
「集中力が上がる」
「共感力が高くなる」

「アルツハイマー病にかかるリスクが低くなる」

「長生きする」

など、読書をしない理由が見つからないくらいです。

らく速読なら、これらの恩恵を4倍速で得ることができるでしょう。

また、らく速読ならではの恩恵として、

「運動能力が上がる」

「芸術的感性が磨かれる」


ことが挙げられます。

らく速読の「目をスムーズに動かす」「視野を広げる」「脳が目のスピードに対応する」という能力は、多くのスポーツに必要とされる能力です。

特に、野球やサッカー、テニスや卓球など、空間把握力や動体視力が求められる競技で力を発揮しています。その効果が認められ、甲子園を目指す野球部やサッカーのクラブチームで、らく速読がトレーニングとして導入されています。

また、芸術的感性については、「右脳」が活用されることに拠(よ)ります。音楽や絵画などのアートは、左脳的なロジックだけで作れるようなものではありません。子どものような発想力・イメージ力・直感力が求められます。

既存のパターンやルールに縛られず、「ありのままの自分」の直感を信じて創作するから、オリジナリティが生まれ、多くの人に感動を与えるのです。らく速読がそれをサポートすることは、もはや言うまでもないでしょう。

運動や芸術の能力を伸ばしたい方も、ぜひ、らく速読を活用してください。

資格試験に「らく速読」を活用するには？

速読を、入試や資格試験などの勉強に取り入れたい。そのように考えている人もいるでしょう。もちろん、らく速読は役立ちます。

実際、**らく速読を活用して難関試験を突破した人が何人もいます**（第5章の体験談をご覧ください）。

オススメの活用法は、勉強の合間に、普段使っている参考書やテキストなどを、らく速読で読むことです。一部のページではなく、本の全体に目を通します。「眺める」感覚で構いません。これを普段の勉強とは別枠で、気楽に行ってみてください。マーカーや線を引いている部分はどこか、どのあたりのページにどんな内容が記されているか、といった全体像が見えてきます。

これが、試験中に役立つのです。試験中に、「この問題は参考書のあそこに書かれていた内容だ」と、記憶を呼び起こしやすくなるでしょう。

試験直前は、参考書をパラパラ眺めたり、「キラキラ体操」や「腹圧調整」をして、心身をリラックスさせましょう。

いざ試験がスタートしたら、まずはらく速読によって、試験問題の全体を「眺める」ことをオススメします。問題を解く時間配分ができ、安定したメンタルで試験に向き合えるはずです。

幸せになるために、「らく速読」をしよう

第1章で私は、「速読がしたい理由を突き詰めていくと、誰もが『幸せになり

たい』にたどり着くはずだ」とお伝えしました。

らく速読をすると、誰もが幸せになれます。実はこのことが、この本で最も伝えたいことです。どうして幸せになれるのか？　その理由は次章でじっくりお伝えしたいと思います。

その前に……まずは一般論をお知らせしましょう。

世界の幸福度ランキング（国連「World Happiness Report 2024」）によると、日本の幸福度は１４３カ国中の51位です。１位はどの国かわかりますか？

２０２４年の１位は、フィンランドです。その理由として、充実した福祉、低い汚職レベル、機能する国家制度、さらに市民の自律性、自由度の高さ、互いに対する社会的信頼などが挙げられています。

この中で私が注目したのが「市民の自律性」「互いに対する社会的信頼」です。自律性も、互いへの信頼（共感力）も、読書によって育まれる能力です。

そこで、フィンランドの読書事情を調べてみたところ、予想どおりの結果が得られました。フィンランドの学生の41％が「趣味は読書」と答えており、また一人あたりの図書館の数は日本の7倍もあったのです。

フィンランド人は日本人より、子どもの頃から圧倒的に読書をしていると考えられます。読書によって自律性や共感力を育むことで、人生に高い満足感を覚えているのではないでしょうか。

また、フィンランドはワークライフバランスが重視されており、長時間労働を避けて、仕事と家庭生活が両立しやすい環境が整っているそうです。これも幸福度が高い一因です。

らく速読を始めて、「脳の使い方」が効率的になると、仕事のスピードが格段にアップするので、長時間労働から解放されます。

その分、家庭生活やプライベートの時間を充実させれば、幸福度はもっと高まるでしょう。

これまで読書習慣がなかった人も、読むのが遅くて積読ばかりだった人も、読み出したらすぐに眠くなってしまう人も、らく速読なら続けられます。

幸せになるために、らく速読をしましょう！

第4章

「らく速読」で幸せになれる!

幸せになれないのは「エゴ（左脳）」に支配されているから

らく速読を始めれば、必ず幸せになれます。

その理由は、さまざまな能力アップや読書の恩恵を享受でき、結果として「成功者になれる」から……ではありません。

らく速読は、人生を成功に導く能力開発メソッドではありますが、成功者になったからといって、それがあなたに「幸せ」をもたらすとは限らないからです。

今の時代、社会的に成功したいと願う人は、ひと昔前よりずいぶん減ったように思えます。

経済は右肩上がりで、「今日より明日、明日より明後日が豊かになる」と疑わなかった時代は、多くの人が社会的な成功を望んでいました。

しかし、バブルが崩壊してからの「失われた30年」は、経済的豊さや社会的成功とは関係のない、自分らしい「幸せ」を探す時間だったのかもしれません。

あなたももしかすると、「成功」には興味がなく、自分らしい「幸せ」を追い求めているのかもしれませんね。

社会的に成功して経済的にも豊かな人でも、不幸を感じながら生きている人はたくさんいます。社会的な成功と幸せの度合いは、同じ物差しで測れるものではないのです。

ただ、**らく速読のすごいところは、両者（成功と幸せ）を同時にゲットできることです。**

なぜ、らく速読にだけそんな芸当ができるのか？

それは、らく速読は「左脳のブレーキ」を解除する手法だからです。

「～すべき」「～しなければならない」という左脳的思考は、私たち人間を「現実」というカゴの中に閉じ込めます。

本当は大空へと自由に飛び立ちたいのに、「いい大人なんだから」と自分にブレーキをかけてしまう。

その結果、「本当の自分」を押し隠して、生きづらさや不幸を感じてしまうのです。

大人になるということは、論理的思考や言語能力を司る左脳を発達させることだといえます。だからもちろん、左脳の機能は大切なのですが、あまりに左脳優位になってしまうと、幸せを感じられないのが人間なのです。

左脳は「自他を分ける」機能を持っています。私たちは左脳のおかげで、自分と自分以外の人や事物が異なる存在だと感じています。

つまり、私たちがエゴ（自我）を確立できているのは左脳のおかげなのです。

一方で、右脳は「自他を分けない」機能を持っています。生まれたばかりの赤ちゃんは、お母さんと自分が別の存在だと認識していません。成長するに従って、左脳が発達し、自分と他者が別の存在だと認識していくのです。

大切に育てられている赤ちゃんは、みんな幸せそうに生きています。これはまだ左脳が発達しておらず、右脳の世界で生きているからなのです。

言い換えると、**エゴ（自我）にとらわれず、エゴレスで生きる（右脳優位で生きる）ことが、幸せになるコツ**といえます。

そのことを物語る、次のようなエピソードがあります。

幸せになりたければ右脳で生きる

脳科学者のジル・ボルト・テイラー博士は、ハーバード大学で教鞭をとっていた37歳のとき左脳に脳卒中を起こし、脳の左半球の機能を完全に失いました。

その日以来、歩くことも話すことも、読むことも書くことも、自分の人生を思い出すこともできない、まるで大人の体をした乳児のようになったそうです。

「100%右脳」で生き始めると、「自分がまるで宇宙と同じくらい大きくなった」「私という個の感覚を失った」と博士は言います。

壁に手をつけて体を支えようとしたら、壁と自分が一体化したような感覚を覚えたそうです。

自他の境目がなくなり、ワンネス（この世のすべては1つであるという概念）になったと。ワンネスとはすなわち、エゴレスのことです。

そしてその状態は、これ以上ない幸福感をもたらした、と。

その後、博士は8年のリハビリを経て左脳の機能を取り戻し、自身の経験をもとに、「右脳」の可能性の研究を重ねています。

ここで思い出してほしいのは、「らく速読は右脳を覚醒させるメソッド」だということです。

人間は、誰もが右脳を持っているにもかかわらず、それを充分に活用できていません。宝の持ち腐れをしている人がほとんどです。

だからこそ、らく速読によって右脳の使い方を覚えれば、幸せになれます。

右脳を活用して「エゴレス（ワンネス）」になることができれば、たとえ今がどんな状況でも、人より秀でた能力がなくても、誰しも幸せになることができるのです。

心を武装したままでは、「エゴ」は守られ続けます。エゴレスになるには、「オープンマインド（心を開くこと）」が必要なのです。

らく速読のおかげで「エゴレス」になれた

私は長い間、人生の迷子でした。

経営者をしながらお金に苦しんでいた10年間、私は「現実」という名のカゴの中で自分を押し殺し、周囲の目を気にしながら、心をすり減らすだけの毎日を送っていました。

さまざまな本を読みあさり、高額なセミナーやパワースポットに通い、なんとか人生を好転させようとしましたがダメでした。

成功している経営者たちに追いつこうと、自分を律して、がむしゃらに努力してきたつもりですが、なんの成果も上げられませんでした。

すべては、左脳優位の生き方をしていたからです。

しかし、らく速読に出合ったことで、私の人生は一変しました。

子どもの頃、友だちと思い切り自由に遊んでいた、なんの疑問もなく人生を楽しんでいた、その感覚を思い出したのです。

難しい顔をして本を読んでいた私は、いつのまにかニコニコ微笑みながら本を読めるようになりました。

知りたいことを知ることができる読書は、楽しい行為にほかなりません。イヤならはじめから読まなければいいのですから。

子どもはそういった気持ちに正直です。まだ左脳が発達しきっていないため、ありのままの感情を大切にして、生きることができているのです。

周囲にどう思われるか、周囲がどう評価するか、そのように他人の顔色ばかり気にするのは、「エゴ」にとらわれているからです。

エゴの武装を解除して心を開けば、人生はこんなにも楽しい。

私はらく速読によって、その感覚を取り戻しました。

そして、心を開いていくと、おのずと人間関係も変わっていきます。

損得勘定や大人の事情によって結ばれる関係ではなく、子どもの頃のように「一緒にいて楽しい」「一緒にいて幸せ」と感じられる人が集まってきてくれるのです。

エゴを手放して、ありのままの感情に素直になれば、幸せな人生を歩める。

らく速読はそう教えてくれます。

らく速読で本来の人間性を取り戻す

楽読のスクールにやってくる人には、社会にうまく適応できなかった経験のある人が少なくありません。

ブラック企業でのパワハラや過重労働、学校や職場でのいじめ、うつ病などのメンタルトラブル、人間関係の不和、強い個性による疎外感……社会で孤立した経験のある人が、スクールに来ると「再生」するのです。

スクールでは、仮に「眼筋ストレッチが6秒間に1億回できました！」という人がいたとしても、「それを言える感覚がすごい！」と肯定してもらえます。

人はそれぞれ違う人間で、誰もが違う個性を持っていることを尊重し、「相手のありのまま」を認めるのがらく速読なのです。それは、左脳で培われる常識や固定観念ではなく、右脳で人を見ているからなのです。

そのような環境に身を置いていると、自分自身も右脳で人と接することができるようになります。

「本の読み方なんて、人それぞれでいいじゃん！」「人のあり方なんて、人それぞれでいいじゃん！」と他者へも寛容になれるのです。

私は、個性に対する寛容の文化をらく速読で教えられました。

すると、社会情勢や世の中の捉え方も常識に縛られないようになりました。人から見たらバカだと思われるような意見でも、私は「ありのままの私の感覚」を大切にしています。

１＋１は２、ではなくてもいい、と素直にわかったのです。


人それぞれのあり方を尊重する――。

そんな寛容性は、今の時代にもっとも大切なことにちがいありません。

世界の国々では、いまだ戦争や虐殺の惨禍が続いていますが、寛容性の欠如がこんな悲劇を生み出しているのではないでしょうか。

私の人生のミッションは、

「ルーツである南北朝鮮の分断を終わらせ、日本と朝鮮半島の関係を改善することで、世界の平和に貢献する」ことです。

これが、らく速読以外の場所では大笑いされて否定された、私の本音、私の夢です。

私たち人間はもともと「寛容性」があったから、ここまで進化してきたのではないでしょうか。

あいつが嫌い、あの国が嫌い、と「自他を分ける」思考は、左脳的な思考です。みんな好き、世界中が好き、と「自他を分けない」思考こそ、右脳的な思考なのです。

世界中の人々が寛容性を取り戻せば、世界は必ずよき方向へ進むと信じています。

らく速読の理念は、「リターン・トゥ・ヒューマン」。

本来の自分に還(かえ)るためにも、本来の人間性を取り戻すためにも、らく速読を始めましょう！

第 5 章

体験者の声「らく速読でなりたい自分になれました！」

実際にらく速読を始めた方に体験談をうかがいました。

最初は「本を速く読みたい」「読書量を増やしたい」と考えていた人も、実際に始めてみると、読書以外にもさまざまな恩恵を得られたといいます。

ビジネススキルや資格取得、コミュニケーションや性格、さらには生き方そのものに影響をもたらす、らく速読。

体験者の生の声をお聞きください。

会社員
30代男性
Aさん

読書スピードが今までの10倍に！らく速読のおかげで人生が豊かに

らく速読を始める前は、だいたい月に2~3冊の本を読んでいて、1冊にかかる所要時間が平均5時間くらいでした。らく速読を始めると、そのスピードはどんどん加速して、月に15冊も本を読めるようになったことに驚きました。1冊にかかる所要時間を測ってみると、なんと、平均30分で読めるようになっていました。

それまで、仕事が忙しいのを言い訳に、読みたい新刊などが発売されても、購入を保留にしていました。でも、あっという間に時が過ぎて、読みたかったことすら忘れてしまうんですよね。今なら、読みたいと思ったときが、手に入れるとき！　と物怖(ものお)じせず本と向き合え、短い通勤時間や寝る前のちょっとした時間に読書を楽しめています。

右脳を使って視読するひとときの本の旅は、どんどん映像が浮かんでくるので、まるでその世界にいるかのような気分になれます。人生が豊かになってきています。

また、読んでいるときの集中力が今までとは違うので、最後まで読み終えた到達感で気分はスッキリ。ストレス解消にもなっています。

次は、何巻もある大作や分厚い専門書などにもトライしたいと思っています。

らくなのに効果抜群！ 資格の勉強の効率が飛躍的にアップ

らく速読のレッスンを始めた当初は、正直戸惑いました。これまで、本は「読んで理解するもの」という思い込みがあるわけですから。「視るだけでホントにいいの？」と。本当にこんなにゆるい感じで速く読めるようになるのかと半信半疑でした。

実は、そのゆるさ、らくさがトレーニングそのものだったんです。普段の生活ではありえない環境に身を置くことで、脳に負荷がかかり、活性化へとつながっているのだと思います。

私は現在、中小企業診断士を目指しながら、関連する数種の資格取得を目指すとともに、大学院への進学も視野に入れています。仕事をしながら大学院に行くには、1日数時間の勉強をしつつ、関連するビジネス書を読むことも必要です。そのため、勉強する時間をいかに確保できるかが課題となっていました。それを克服するためにらく速読を始めたのです。

それまでは、1冊300ページほどの参考書やビジネス書を通読するのに10時間程度はかかっていました。今は1時間程度で読めるようになり、効率は飛躍的に上がり、心に余裕が生まれるようになりました。また、文字数の多い本でも1日あれば読み切れる集中力が身についたと感じています。

らく速読にチャレンジして本当によかったと感謝しています。

日本酒
カフェオーナー
40代女性
Cさん

ほかの速読で挫折したのに、らく速読なら私でも成功しました！

過去に数回、別の速読を習ってみたものの身につきませんでした。本が大好きなのでもっともっと読みたいし、専門分野の勉強をするにも、読書は欠かせません。だから、速読を身につけたいと思っていました。

らく速読を始めて、読書スピードは以前の4倍程度になりました。普段読む箇単なビジネス書であれば、1冊30分くらいで読み終わります。お風呂で1冊がちょうど読み終わるので、お風呂での読書タイムが楽しみになりました。私と同じく過去に速読で挫折した方、本をたくさん読みたいけど読書が苦手という方にオススメです。

主婦
30代女性
Dさん

本嫌いから本好きに！活字への苦手意識が克服できます

読むと頭が痛くなるくらい活字が苦手だったので、今まで読書をしようという気にさえなったことがありませんでした。

しかし、子どもたちの教育のためにらく速読を試してみてから、「あれ？　私にも読めた！」という驚きとともに自信がつきました。そして楽しく学んでいるうちに、活字への苦手意識が克服できていました。

今では逆に、本が大好きです。子どもたちも、ワクワクしながら読書を楽しんでいます。

会社員
20代女性

Eさん

数日かかっていた書類作成が、たった1時間でできるように！

事務職をしています。月末月初はいつも、緻密な処理が必要な大量の書類を前に、緊張感と焦りで気が気ではない状態でした。その数日間は、もちろん深夜残業です。

そんな折、情報処理能力がアップすると聞いて始めたのが、らく速読でした。

今は、3日かかっていた書類作成がわずか1時間で終わるようになりました。

しかも、以前よりクオリティが上がったと、上司にもほめられています。

以前はきっと、左脳ばかり使っていたから緊張やあせりに襲われ、スピードダウンしていたのだと思います。全脳を刺激するらく速読のおかげで、右脳による並列処理が可能となったのです。

その結果、時間に余裕ができ、仕事以外の楽しみも見出せるようになりました。

会社員
（営業職）
30代男性
Fさん

行動が速くなりメンタルが安定。仕事の契約がどんどん取れた

営業の成績を上げるため、もっと本や資料を速く読めるようになれたらと思い、らく速読を始めました。らく速読のメソッドを実践すると、頭も精神的にもスッキリした状態になります。

らく速読の成果は、通勤時間に新聞が速く読めるようになったこと、25週間連続で仕事の契約が取れたことです。

これは行動が速くなったことに加えて、精神状態の浮き沈みがなくなり、いい状態をキープできるようになったからだと思います。今の状態から抜け出したいと思っている方は、らく速読をやってみることをオススメします。

接客業
20代女性
Gさん

視野が広くなって、接客業に必須の「おもてなしの心」が育った

気遣いや配慮を要する接客業を職業としています。しかし、なかなか気遣いをするタイミングがつかめず、悩んでいました。

そんなとき、もともと好きな読書の量を増やしたくて始めたのが、らく速読です。らく速読のおかげで、ある変化が起きていることに気づきました。

それは、少しずつ人の気配を感じる感覚が広がっているということです。眼筋トレーニングやオープンマインド・リーディングのたまものだと思います。お客様の表情や先輩の要望が、手に取るようにわかるのです。

おもてなしの心を要する、私のような職業をしている人のスキルアップにも、らく速読は一役かってくれますよ。

マルチタスクをこなせるようになり、自由な時間が増えた！

らく速読を通して、たくさんの本を読めるようになりました。ただ、毎月10～15冊読んだところで、それが自分の生活に活かせているか疑問に感じて、今はこれぞと選んだ本を何回も読み返す読書をしています。

らく速読によって身につく速読の力は、あくまで副次的なものだと思います。それよりすごいのは、脳が活性化するので、自分の意識に変化が訪れることでしょう。僕の場合、物事を好意的に捉えられるようになり、自己肯定感が上がったと感じています。

また、物事を並行処理する能力が格段にアップしました。これは仕事の場で大いに活用できています。電話をしながらほかの作業をするなど、マルチタスクで処理できるようになりました。仕事のスピードがアップしたことで、睡眠時間や休む時間をしっかり取れるようになって助かっています。

会社員
40代男性
Iさん

プレッシャーを克服して行政書士試験に合格しました

行政書士講座を受け始めて2年目、模擬試験に何度挑戦しても平均点以下しか取れない状況に悩んでいました。そのプレッシャーに疲れ果てていたときに出合ったのがらく速読です。

らく速読を始めて驚きました。いつもは漠然としか理解できず、何度も繰り返し読んでいた行政書士講座のテキストが、違和感なくスンナリと頭に入ってきたのです。しだいに問題のポイントになる箇所も見えてきて、同時に模擬試験の成績もアップ。らく速読に慣れると、文章の要点が浮かび上がるように見えてきます。

また、コアチューニング®の効果なのか、プレッシャーや勉強疲れも解消されていました。

試験当日も精神統一でき、複雑な文章がスラスラ読め、見事合格しました。

らく速読はやり方が簡単なので、継続しやすいです。入学試験や資格試験を受ける人は、ぜひ取り入れてみてください。

接客業
20代女性
Jさん

文章を「眺める」コツをつかんで、宅建の試験に合格！

宅建の受験に挑むと決めたものの、試験範囲の広さを目の当たりにし、「これは私には無理だ」と面食らいました。それでも半年間、一生懸命過去の問題集に取り組みましたが、まったく合格ラインに届かず……。

そこで、大量の試験範囲を速く理解するために速読を取り入れることを決意し、選んだのががらく速読でした。

私は文章を読むスピードが遅く、最後まで試験問題を解けないことがありました。しかし、音読しないで文章を読めばいいと知り、「全体を眺める→問題を解く」を繰り返していると、自然と模試の点数が上がっていったのです。

一つひとつの問題をじっくり解くよりも、まずはザザーッと問題を眺めてから解くことで、問題を読むスピードも理解度も上がることがわかりました。
最終的には本試験にも無事合格。これからもらく速読を続けて、さらに新しいことにチャレンジしたいと考えています。

大学生
20代男性
Kさん

わずか3カ月の短期決戦で国立大学に合格！

もともと私立大学に通っていましたが、国立大学の編入試験を受けることに決めました。勉強のサポートとして取り入れたのがらく速読です。編入試験までわずか3カ月しかなかったので、試験へ向けて大量の問題をこなすための武器を探していました。

読むスピードが速まるのはすぐにわかり、またどんどん理解力が増すので、難易度の高い編入先の論文や資料を難なく読解できるようになりました。

また、らく速読を習得すると、書店で「どのテキストが試験勉強に最適か」、本をめくるだけで厳選できるため、テキスト選びに無駄な時間を浪費しないで済みました。その結果、短期決戦の中、志望する国立大学に合格できました。

編入後も、教科書や参考書、専門書などを読む際、らく速読は力強い味方になってくれます。勉強時間を短縮できるため、趣味や将来の目標のための時間を捻出できるようになり、有意義な大学生活を送れています。

プロ競技
ダンサー
Lさん

気持ちも体も回復し、本来の自分を取り戻せた

らく速読を始めてからの一番の変化は、自己肯定感が上がったことですね。

もともと私は本を読むためではなく、個人的な悩みを解決するためにらく速読を始めました。私は社交ダンスのプロダンサーとして競技大会に出場しています。しかしストレスに弱く、大会前はいつも憂鬱で、プレッシャーから体調を崩すことも多く悩んでいました。そんな自分をどうにか変えたかったのです。

らく速読のトレーニングは、これまでネガティブな思考回路につながっていた脳の偏った使い方を正してくれました。自分と向き合う時間にもなり、気持ちをらくに保てるようになったと感じています。

また、らく速読により「ものの見え方」も変わりました。同じフロアで踊るライバルたちの動きがよく見えるようになったのは、らく速読によって視野が広がり、動体視力が上がったからだと思います。

らく速読を通して、脳の機能が高まって、前向きな気持ちを保てるようになり、それがダンスの成績にも結果として現れています。本来の自分を取り戻せたように感じています。

会社員（営業職）40代男性
Mさん

右脳を使えるようになり、らくに生きられるようになった

別の速読法を試してもあまり速くならなかったので、インターネットで調べて

らく速読を始めました。

読書速度は、受講前は1分間1000文字くらいで、今は3000〜4000文字くらいで読めるようになりました。

それ以外にも、視野が広くなって今まで気がつかなかったことに気がつくようになりました。さらに、直感力も上がった気がします。今まで気づいていなかった自分に気づく、そんな瞬間があったのがおもしろいなと思いました。自分は自分のままでいいのだと、らくに生きられるようになりました。

頭を使って仕事をしている方は、左脳寄りになっていると思うのですが、らく速読をすると右脳を使えるようになります。考えすぎてしまう方はらく速読によって、らくに生きられるようになるのではないかと思います。

主婦
60代女性
Nさん

蘇る記憶力！
何歳になってもチャレンジができる人生に

60歳を過ぎてから、らく速読を始めました。「あの、赤いのなんだっけ？」などと物忘れがひどかったのに、らく速読を始めてからスルスル固有名詞が出てきます。まわりにも得意顔です。

また、眼筋トレーニングにより視野が広がったことで、億劫になっていた車の運転もラクラク。アクティブに買い物やレジャーに出かけられるようになりました。さらに、映画の字幕スーパーが素早く読めるようになり、セリフの英語を聞き取れる余裕が生まれたのもうれしいです。

多くの得られた変化から自信がつき、新しいチャレンジにも意欲的になって、人生の生きがいも見つかりました。年齢に関係なく、いつまでも現役でいられると実感できたのが、最大の喜びです。

おわりに

本書を最後までお読みいただき、誠にありがとうございました。

「らく速読」はいかがでしたか？

妻の平井ナナエが「楽読」を創業して、2025年で20周年を迎えます。

これまで、延べ26000人以上の方々に楽読を受講していただきました。

その方々の人生に少なからず関われたことを心よりうれしく思います。

「らく速読」が単なる速読ではないことは、本書を読まれたみなさまはご理解されたのではないでしょうか。

人は本来、幸せになるために生まれてきていると私は考えます。

もし、今の人生が不幸せだとするのであれば、みなさまの能力などに原因があるのではなく、何らかのエラーが起きているだけなのです。

そのエラーを見つけることができず、苦しんでいることが多いのが今の日本人。

日本では、年間数万人もの方々が自ら命を絶ちます。

なぜ、豊かで安心安全に暮らせる国で、そのような悲劇が起こるのでしょうか。

それはまさに、自らの幸せを見つけられず、まわりの雑音やメディアからの情報に流されてしまい、自分自身を見失っているからです。


「らく速読」の元になった楽読では、そんな人たちに「自分が本来あるべき姿へ還る環境」を提供し続けています。これは楽読のミッションです。みなさまが本来の自分へ還ることができたら、必ずみなさまの幸せは見つかります。

われわれはミッションを掲げ、約20年間走り続けてきました。

そして、楽読のビジョンは「世界ニコニコピース」。

ポリシーは「すべてのベースは愛基準」です。


なぜ、楽読で自分らしくなれるのか。

それは、インストラクターたちがミッション・ビジョン・ポリシーを掲げ、レッスンに訪れるみなさまが本来の自分を思い出し、幸せを見出し、ありのままの自分を表現できる環境を提供しているからです。

人が生きている中で、不安や恐れ、悩みや課題、これらはつきものです。

しかしそれを一人で抱えるのではなく、人に話すことにより、その先にある希望や理想が見えてきます。


人は、希望や理想を見出したときに意識が変化します。

その意識の変化を、「波動（エネルギー）」が変わったと表現します。

波動が変わると、起こる出来事に必ず変化が生じます。

意識を不安や恐れに向けるのではなく、希望や理想に向け続けることを、楽読のインストラクター一同は全力でサポートしています。

われわれの本当の目的はみなさまに幸せになっていただくことです。

幸せのあり方は、人それぞれ違って当然です。

あなたにはあなたの「幸せ感」があります。

その幸せ感を見つけるためのツールが楽読なのです。


みなさまがほんの少し脳の使い方や意識の使い方を変えるだけで、人生は驚くほど劇的に変化します。

私もお金で10年ほど苦しんだ経験を経て、「らく速読」のメソッドと楽読のコミュニティーに出会ったおかげで、人生が劇的に変化しました。

人は、環境に一番大きな影響を受けます。あなたがどれだけ努力をし、どれだけがんばっていても、環境設定を間違えていたら成果は出ないばかりか、人生にマイナスの影響を与えます。5億5000万円の借金地獄から、人生を大逆転させた私が言うのだから間違いありません(笑)。

われわれは今後も楽読を通じ、みなさまの人生がより幸せで豊かになれるような環境を提供し続けます。

いつでも笑顔でみなさまをお出迎えし、最高のレッスン環境を提供し続けます。

本書が、みなさまの人生にとって有益であることを心より祈念いたします。

出版に関わってくれた多くの方に心より御礼申し上げます。

2024年3月

ヨンソ

参考文献

『無意識リライト「寝る前3分の書き換え」で、現実は思い通り』
（ヨンソ著／KADOKAWA）
※第2章に掲載したレッスン用の例文は、この本から引用しました。
『日本一の速読教室』（石井真著／カンゼン）
『速読トレーニングで磨く　スポーツの判断力』（石井真著／カンゼン）
『世界一楽しい速読　全脳活性トレーニング“楽読講座DVD”つき』
（楽読研究所著・ピース小堀指導／学研プラス）
『マンガでわかるコアチューニング®入門』（須田達史著／現代書林）

参考ウェブサイト

楽読公式HP
https://rakudoku.jp/
JAPANコアチューニング協会HP
https://coretuning.jp/sukumane/page/top

「英語の3倍速」コンテンツ

https://rakudoku.sukumane.biz/_raku3eng

■PC・スマートフォン対象(一部の機種ではご利用いただけない場合があります)。■パケット通信料を含む通信費用はお客様のご負担になります。■第三者やSNSなどネット上での転載・再配布は固くお断りいたします。**■やむを得ない事情により予告なく公開を中断・終了する場合があります。**■本データの権利は株式会社ミミテックが有しており、同社の許諾を受けた一般社団法人楽読ジャパン／株式会社楽読が提供しています。株式会社KADOKAWAではデータファイルのダウンロード・使用方法等についてはお答えできません。■端末やOSによっては、データファイルを開くためのアプリや、サービスへの登録が別途必要になる場合があります。なお、必要なアプリのインストールや詳細な操作手順については、ご利用環境によって異なるため個別にご案内できません。■保証期限　2027年5月27日23:59

【本特典に関するお問い合わせ】
一般社団法人楽読ジャパン／株式会社楽読
https://rakudoku.jp/contact/

※2024年4月現在の情報です。

ヨンソ（よんそ）

「楽読」運営会社CMO（最高マーケティング責任者）、楽読顧問、無意識改善トレーナー。経営者として5億5000万円の借金を抱えていたが、楽読と出合ったのを機に人生が好転し、全額返済を果たす。自身の経験から、誰もが「速読できるようになる」&「人生まで変わる」、唯一無二の読書術「楽読」の魅力を世界中に広めるため精力的に活動中。YouTubeチャンネルOWS TVは登録者数14万人超。著書に『無意識リライト「寝る前3分の書き換え」で、現実は思い通り』（KADOKAWA）がある。

［総監修］

伊藤吉賢（いとう・よしたか）

医学博士、楽読理事、楽読柏スクールオーナーインストラクター。コアチューニング®認定講師。東京慈恵会医科大学卒。がんばらなくても簡単に速読できる「楽読」の効果に感動し、自らスクールを開校。現在は本業の傍ら、脳科学の見地から楽読の研究を続け、「医学的に正しい読書術」の啓発に努めている。通称きちけん。

らく速読（そくどく）

脳科学（のうかがく）が証明（しょうめい）した世界一（せかいいち）カンタンですごい読書術（どくしょじゅつ）

2024年5月27日　初版発行

著者	ヨンソ
総監修	伊藤吉賢（いとうよしたか）
発行者	山下直久
発行	株式会社KADOKAWA 〒102-8177　東京都千代田区富士見2-13-3 電話　0570-002-301（ナビダイヤル）
印刷所	大日本印刷株式会社
製本所	大日本印刷株式会社

Printed in Japan ISBN978-4-04-606684-8 C0030

ブックデザイン	阿部早紀子	編集協力	堀田孝之
カバーイラスト	くにともゆかり	校正	山崎春江
本文イラスト	安久津みどり	DTP	三協美術
企画協力	石井真	編集	小林徹也